A ARTE
DE RECEBER
EM EVENTOS

A Arte de Receber em Eventos

Marlene Matias
Mestre em Ciências da Comunicação pela ECA-USP

Manole

Copyright © Editora Manole Ltda., 2014, por meio de contrato com a autora.

Editor gestor: Walter Luiz Coutinho
Editora responsável: Ana Maria da Silva Hosaka
Produção editorial: Marília Courbassier Paris, Rodrigo de Oliveira Silva, Renata Mello
Editora de arte: Deborah Sayuri Takaishi

Projeto gráfico e diagramação: Acqua Estúdio Gráfico
Capa: Deborah Sayuri Takaishi e Ricardo Yoshiaki

Dados Internacionais de Catalogação na Publicação (CIP)
(Câmara Brasileira do Livro, SP, Brasil)

Matias, Marlene
A arte de receber em eventos / Marlene Matias. – –
Barueri, SP : Manole, 2014.

Bibliografia.
ISBN 978-85-204-3656-1

1. Eventos especiais – Recepção I. Título.

13-12476 CDD-060.6

Índices para catálogo sistemático:
1. Eventos : Recepção : Organização 060.6
2. Recepção : Eventos : Organização 060.6

Todos os direitos reservados.
Nenhuma parte deste livro poderá ser reproduzida, por qualquer processo, sem a
permissão expressa dos editores. É proibida a reprodução por xerox.

A Editora Manole é filiada à ABDR – Associação Brasileira de Direitos Reprográficos.

1ª edição – 2014

Editora Manole Ltda.
Av. Ceci, 672 – Tamboré
06460-120 – Barueri – SP – Brasil
Tel.: (11) 4196-6000 – Fax: (11) 4196-6021
www.manole.com.br
info@manole.com.br

Impresso no Brasil
Printed in Brazil

SOBRE A AUTORA

ARLENE MATIAS nasceu em Igarapava, São Paulo, em maio de 1953. É graduada em Turismo pela Faculdade Ibero-Americana de Letras e Ciências Humanas (atual Centro Universitário Anhanguera), mestre em Ciências da Comunicação pela Escola de Comunicação e Artes da Universidade de São Paulo (ECA-USP) e doutoranda em Ciências Sociais pela Pontifícia Universidade Católica de São Paulo (PUC-SP), onde também leciona atualmente.

SUMÁRIO

Apresentação XIII
Lista de abreviaturas XV
Introdução XVII

PARTE 1- FUNDAMENTOS BÁSICOS SOBRE EVENTOS I

Capítulo 1: Origem, evolução, conceitos e tipologia de eventos 3
Conceitos 5
Tipologia 6

Capítulo 2: Noções de planejamento de eventos 13
Concepção 13
Pré-evento 14
   Detalhamento do projeto 14
   Instrumentos auxiliares e de controle do planejamento 15
     Cronograma básico 15
     Briefing 15
     Checklist 16
Transevento 16
   Pesquisa de opinião 17
Pós-evento 17
Aspectos legais 18
   Federal 18
   Estadual 19
   Municipal 20

Capítulo 3: Estrutura organizacional dos eventos 21
Promotor de eventos 21
Organizador de eventos 22
   Funções do organizador de eventos 22

Perfil do organizador de eventos 23
Prestadores de serviços 24
Processo de seleção/escolha de prestador de serviço 24
Legislação brasileira do setor de eventos 26

Capítulo 4: Mercado de eventos 29

PARTE 2 – O PROFISSIONAL DE RECEPÇÃO EM EVENTOS 43

Capítulo 5: Os primeiros passos na profissão de recepção
de eventos 45
Aspectos legais da profissão 46
Contrato de trabalho 47
Treinamento 48
Ética 48
A profissão de recepcionista 50
Perfil do profissional de recepção em eventos 51

Capítulo 6: A atividade do profissional de recepção
em eventos por setor de atuação 53
No aeroporto 53
No hotel 54
No local do evento 55
Posto de atendimento 55
Secretaria 56
Sala *víp* 58
Sala de imprensa 58
Sala de comissões técnicas 59
Sessões solenes e auditórios 59
Tradução simultânea 61
Na programação social 61
No transporte 62
Feiras 63

Capítulo 7: A imagem profissional 65
Higiene pessoal 66
Cabelos 66
Cabelos femininos 66
Cabelos masculinos 67
Barba 67

Nariz. 68
Orelhas. 68
Dentes 68
Mãos. 69
Unhas 69
Pés. 70
Postura 70
Pontualidade. 71
Imagem pessoal 71
Uniforme. 71
Maquiagem 72
Bijuterias/acessórios 72
Perfumes 73
Sapatos. 73
Meias 74
Postura física. 74
Em pé (pés/pernas). 74
Em pé (braços/mãos) 75
Em pé ou sentado (cabeça/tronco/pescoço) 75
O ato de sentar e levantar 75
Como ficar sentado. 76
No carro. 76
No andar 76
Como apanhar objetos. 77
Portas 77
Olhar 77
Sorriso 77
Cumprimentar (aperto de mão) 77

**PARTE 3 - ASPECTOS COMPLEMENTARES PARA
A FORMAÇÃO PROFISSIONAL** 79

Capítulo 8: Cerimonial, protocolo e etiqueta 81
Antecedentes históricos 81
Conceitos. 85
Cerimônia 85
Cerimonial 86
Protocolo 87
Etiqueta 87
Relações públicas 88

X A ARTE DE RECEBER EM EVENTOS

Cerimonialista 88
Cerimonialismo 88
Mestre de cerimônia 89
Cerimonial e protocolo por tipos de eventos 89
Eventos oficiais. 89
Cerimonial e protocolo/regras de precedência. 90
Principais aspectos legais 91
Convites. 93
Recepção de autoridades/convidados 95
Símbolos nacionais 96
Discursos. 98
Tipos de cerimonial com formação de mesa de honra 99
Inaugurações. 100
Eventos esportivos. 101
Eventos associativos, corporativos e mistos 102
Modelo de pauta de solenidade do mestre de cerimônia 103
Exemplo de composição de mesa 104

Capítulo 9: Alimentos e bebidas (A&B): noções básicas 105
Restaurante 106
Localização 106
Espaço físico 106
Mobiliário 107
Decoração 108
Servindo alimentos e bebidas – *Mise in place* 109
Tipos de serviços 110
Serviço à francesa. 110
Serviço à inglesa 110
Serviço à inglesa direto. 110
Serviço à inglesa indireto. 110
Serviço à americana. 111
Serviço franco-americano 112
Serviço empratado. 112
Serviço à russa. 112
Como servir bebidas 112
Serviço de bebidas em eventos 113
Tipos de copos 113

**Capítulo 10: Comunicação e expressão, qualidade de vida
e conhecimentos gerais.** 115
Formas de comunicação 115

SUMÁRIO **XI**

O papel da linguagem na atuação do profissional de
recepção em eventos 116
Formas de receber e ser recebido 117
Desenvolvimento sustentável 118
Saúde e qualidade de vida. 121
    Saúde 121
    Qualidade de vida 122
    Índice de desenvolvimento humano (IDH). 126
Conhecimentos gerais. 127

Considerações finais. 131
Referências bibliográficas 133
Anexos 137
Índice remissivo 153

APRESENTAÇÃO

E sta obra é resultado de pesquisas e estudos realizados nos últimos anos para complementar conteúdos que seriam utilizados em treinamentos e cursos de formação de recepcionista de eventos, assim como de observações efetuadas *in loco* durante a participação em eventos.

Após essas pesquisas e vivências, percebi que o profissional de recepção em eventos, além da formação técnica, que lhe fornece conhecimentos para desempenhar as funções pertinentes ao cargo, precisa de uma formação complementar sobre temas como cerimonial e protocolo, alimentos e bebidas, conhecimentos gerais e outros, que estão ligados diretamente com a atividade eventos e indiretamente com a sua função.

Diante do exposto, resolvi organizar este livro para disponibilizar e compartilhar os conteúdos que, acredito, são de suma importância para os profissionais de recepção em eventos e também para aqueles que desejam ingressar nessa atividade.

A obra está dividida em quatro partes, sendo a primeira destinada aos fundamentos básicos sobre eventos, na qual são apresentados temas como: origem e evolução dos eventos, conceitos, tipologia, noções de planejamento e organização de eventos, estrutura organizacional dos eventos, destacando seus componentes, os locais onde os eventos acontecem, o mercado de eventos e a legislação federal vigente do setor.

A segunda parte aborda a atividade profissional e os diversos setores que o profissional de recepção em eventos pode atuar.

A terceira parte recebe o título de *Aspectos complementares para a formação profissional*; é dedicada aos aspectos que complementam a atuação do profissional de recepção em eventos, tais como: cerimonial, protocolo e etiqueta; noções básicas de alimentos e bebidas; comunicação e expressão, qualidade de vida e conhecimentos gerais.

No final, são apresentadas as considerações gerais sobre o ato de receber, e também de ser recebido em eventos ou em qualquer outra situação, e qual a importância de ter um profissional de recepção preparado para a função.

Esta obra também apresenta conteúdo complementar, que está disponível no site www.manoleeducacao.com.br/aartedereceberemeventos.

Marlene Matias

LISTA DE ABREVIATURAS

A&B — Alimentos e Bebidas
ABM — Associação Brasileira de Medicina
APM — Associação Paulista de Medicina
BIE — *Bureau International des Expositions*
Cadastur — Cadastro dos Prestadores de Serviços Turísticos
CBO — Código Brasileiro de Ocupações
CCCAD — Comitê Consultivo do Cadastur
Cipa — Comissão Interna de Prevenção de Acidentes
CLT — Consolidação das Leis do Trabalho
Contru — Departamento de Controle de Uso de Imóveis
Corde — Coordenadoria Nacional para Integração da Pessoa Portadora de Deficiência
ECA — Estatuto da Criança e do Adolescente
Ecad — Escritório Central de Arrecadação e Distribuição
Embratur — Empresa Brasileira de Turismo, atual Instituto Brasileiro de Turismo
Fiesp — Federação das Indústrias do Estado de São Paulo
Fifa — *Fédération Internacionale de Football Association*
ICCA — *International Congress and Convention Association*
IDH — Índice de Desenvolvimento Humano
MEC — Ministério da Educação
MTE — Ministério do Trabalho e Emprego

M Tur	–	Ministério do Turismo
OIT	–	Organização Internacional do Trabalho
OMS	–	Organização Mundial da Saúde
ONG	–	Organização Não Governamental
ONU	–	Organização das Nações Unidas
PM	–	Prefeitura Municipal
PNUD	–	Programa das Nações Unidas para o Desenvolvimento
Pnuma	–	Programa das Nações Unidas para o Meio Ambiente
Psiu	–	Programa Silêncio Urbano
RSVP	–	*Répondez S'il Vous Plaît*
Senac	–	Serviço Nacional de Aprendizagem Comercial
Senai	–	Serviço Nacional de Aprendizagem Industrial
SESMT	–	Serviço Especializado em Engenharia de Segurança e Medicina do Trabalho
Sirett	–	Sistema de Registro de Empresas de Trabalho Temporário
SSP-SP	–	Secretaria de Segurança Pública do Estado de São Paulo

INTRODUÇÃO

O ato de recepcionar faz parte do dia a dia de qualquer pessoa que vive em sociedade. Envolve desde situações profissionais, como receber e atender clientes, fornecedores, concorrentes em um escritório, até receber e entreter convidados em uma festa familiar. Mas, para que essa atividade seja revestida de cunho profissional, são necessárias algumas regras de tratamento e postura.

O serviço de recepção em eventos, como em qualquer outra atividade, é o "cartão de visita", isto é, o primeiro contato do participante, das autoridades, dos convidados, dos prestadores de serviços e demais envolvidos com o evento. Esse acolhimento representa a conduta dos esforços anteriores despendidos pelo promotor e organizador de eventos para oferecer bom atendimento e serviços a todo segmento de público participante do evento. Portanto, é no comportamento e no desempenho dos profissionais de recepção que todo o planejamento de um evento poderá ter maior ou menor êxito durante a sua realização.

Para demonstrar aos participantes e convidados que a sua presença é importante, é necessário que o profissional de recepção crie um ambiente cordial e acolhedor, estabelecendo um clima agradável, que consequentemente irá conquistar a todos.

Portanto, para que o profissional de recepção em eventos possa atuar a contento no desempenho das suas funções, é aconselhável que ele busque formação técnica e complementar. É o que se procurou sinalizar com o conteúdo deste livro.

PARTE

1

FUNDAMENTOS BÁSICOS SOBRE EVENTOS

1

ORIGEM, EVOLUÇÃO, CONCEITOS E TIPOLOGIA DE EVENTOS

Eventos são acontecimentos que possuem horário, local e dia onde as pessoas se reúnem pelos mais diversos motivos. Esses tipos de acontecimentos existem desde os mais remotos tempos e expressam comportamentos e normas ao bom desempenho social, podendo apresentar características sociais, religiosas e políticas das várias culturas humanas.

No Egito Antigo, segundo registros históricos, aconteciam cerimônias oficiais e religiosas para o faraó e sua corte, como também rituais funerários.

Na China, várias correntes contribuíram para a origem dos eventos, sendo a principal delas a relacionada ao rico simbolismo clássico da poesia e dos filósofos chineses. Cabe ressaltar que a principal contribuição veio do filósofo Confúcio, que com grande sensibilidade pregava que para se abordar cada assunto deve-se existir o lugar, a hora e a oportunidade.

Na Antiguidade ou na Idade Antiga (3500 a.C. a 476 d.C.), sabe-se que os principais tipos de eventos que ocorreram foram: congressos, conferências, festas – Festas Saturnálias, das quais deriva o Carnaval –, feiras – que estão relacionadas às festividades religiosas e a dias santos[1] –, e o principal deles, os Jogos Olímpicos.

---

[1] Por ocasião das festividades religiosas e dias santos os mercadores aproveitavam a oportunidade para trazer seus produtos e trocar por outros, conforme mostra a origem etimológica da palavra "feira", que vem do latim *feria*, que significa: *dias consagrados para repouso, festas, férias*; já no latim vulgar, significa *mercado, feira*, porque os dias de festa religiosa eram aproveitados para o comércio no local daquelas manifestações, por via popular (Houaiss, 2001).

Na Grécia, em 776 a.C., foram realizados os primeiros Jogos Olímpicos da Era Antiga. Esse tipo de evento acontecia de quatro em quatro anos e possuía caráter religioso. No período em que ocorriam os jogos, estabelecia-se uma trégua e nenhum tipo de combate era travado.

Ainda na Era Antiga, após o estabelecimento do Império Romano (27 a.C. a 476 d.C.), surgiram outros tipos de eventos, como os concílios, que são eventos de cunho religioso, e eventos denominados esportivos, que aconteciam nos circos romanos e no Coliseu.

A Idade Média (476 a 1453) foi um período que apresentou características bem definidas, como o poderio da Igreja e a atividade comercial, que foi desenvolvida próxima aos castelos, mosteiros e igrejas. Os principais tipos de eventos que marcaram essa época foram os religiosos – concílios e as representações teatrais –, os comerciais – as feiras –, e também existe registro de cerimônias realizadas nas cortes feudais da Itália, da Áustria, da Espanha e da França.

Com a chegada da Idade Moderna (1453 a 1789) outros tipos de eventos passaram a acontecer, como o Congresso de Medicina Geral, que aconteceu em Roma no ano de 1681, que foi considerado o primeiro evento científico. Posterior à sua realização, outros congressos aconteceram, como também os concílios e as feiras que se intensificaram após o início da Revolução Industrial, dando origem às Exposições Universais.

A primeira Exposição Universal aconteceu em Londres, em 1851. Esse tipo de evento é realizado até os dias de hoje, e a cidade de São Paulo está disputando o direito de realizar a edição de 2020.

Na Idade Contemporânea, que se iniciou em 1789, após a Revolução Francesa, os tipos de eventos foram se diversificando cada vez mais para atender às necessidades sociais, religiosas e políticas que se tornaram cada vez mais complexas.

As Exposições Universais continuaram a acontecer, os Jogos Olímpicos voltaram a ser realizados a partir de 1896, as feiras comerciais seguiram dinamizando e estimulando a economia mundial, os congressos científicos e técnicos foram intensificados, os concílios apresentaram uma certa recessão, mas surgiram outros eventos, como a Copa do Mundo, o Fórum Social Mundial, a Jornada Mundial da Juventude e outros.

Esses eventos continuam acontecendo até os dias de hoje e buscam conservar o ideal da sua criação, mas com características da sociedade atual.

CONCEITOS

A atividade eventos pode ser conceituada de várias maneiras, isto é, depende do segmento profissional que a utiliza. A seguir apresentam-se conceitos do ponto vista das relações públicas, dos profissionais de eventos e dos comunicadores.

Segundo Simões (1995, p.170):

> evento é um acontecimento criado com a finalidade específica de alterar a história da relação organização-público, em face das necessidades observadas. Caso esse acontecimento não ocorresse, a relação tomaria rumo diferente e, certamente, problemático.

Para Giácomo (1993, p.45), "evento é componente do mix da comunicação, que tem por objetivo minimizar esforços, fazendo uso da capacidade sinérgica da qual dispõe o poder expressivo no intuito de engajar pessoas numa ideia ou ação". De acordo com a experiência de vários especialistas da área de eventos, pode-se conceituar eventos, como:

- Ação do profissional mediante pesquisa, planejamento, organização, coordenação, controle e implantação de um projeto, visando atingir seu público-alvo com medidas concretas e resultados projetados.
- Conjunto de atividades profissionais desenvolvidas com o objetivo de alcançar o seu público-alvo pelo lançamento de produtos, apresentação de uma pessoa, empresa ou entidade, visando estabelecer seu conceito ou recuperar sua imagem.
- Realização de um ato comemorativo com finalidade mercadológica ou não, visando apresentar, conquistar ou recuperar o seu público-alvo.
- Soma de ações previamente planejadas com o objetivo de alcançar resultados definidos perante seu público-alvo.

Segundo Melo Neto (1999, p.20), para os comunicadores, evento é: "qualquer fato que pode gerar sensação e, por isso, ser motivo de notícia (seja esta de cunho interno ou externo)".

TIPOLOGIA

Os eventos, conforme as características e peculiaridades que apresentam, podem ser classificados em diversos tipos. Os tipos mais comuns de evento são:

Assembleia – reunião da qual participam delegações representantes de grupos, estados, países etc. Sua principal característica é debater assuntos de grande interesse de grupos, classes profissionais, países, regiões ou estados. O desenrolar dos trabalhos apresenta peculiaridades, como: delegações colocadas em lugares preestabelecidos, conclusões apresentadas são votadas em plenário e posteriormente transformadas em recomendações da assembleia; somente as delegações oficiais têm direito ao voto, mas isso não impede a inscrição de participantes interessados no assunto, que terão apenas a função de ouvintes.

Brainstorming – reunião desenvolvida para estimular a produção de ideias. Reúne pessoas que irão emitir suas ideias livremente sobre determinado assunto. As ideias inicialmente propostas são discutidas e analisadas, propiciando o surgimento de outras ou a melhora destas. Divide-se em duas etapas: a criativa e a avaliativa. A primeira é aquela em que os participantes expõem suas ideias, sem qualquer tipo de censura ou crítica, e um membro do grupo encarrega-se de anotá-las. A segunda é quando as ideias coletadas são discutidas e analisadas, possibilitando traçar um perfil do objetivo pretendido. Esse tipo de reunião geralmente é utilizado por agências de publicidade para a criação de campanhas e também por entidades promotoras de eventos para a organização destes.

Brunch – evento recentemente importado dos Estados Unidos, muito usado hoje em dia pelos hotéis (principalmente à beira da piscina) aos domingos; trata-se de café da manhã e almoço. O sucesso do *brunch* está na forma equilibrada como são servidos doces, salgados, sucos e bebidas alcoólicas leves. A origem da palavra *brunch* vem da junção de *breakfast* (café da manhã) e *lunch* (almoço).

Colóquio – reunião fechada que visa esclarecer determinado tema ou tomar alguma decisão; é muito utilizada por diversas classes de profissionais. Geralmente desenvolve-se da seguinte forma: é sugerido um tema central, em que o plenário deve ser agrupado por subtemas, as discussões são conduzidas por um moderador, responsável pela apresentação das conclusões e por submetê-las à aprovação do plenário.

Concílio – reunião de prelados católicos, na qual são tratados assuntos dogmáticos, doutrinários ou disciplinares.

Conclave – do latim *cum clave*, que significa "com chave". É a reunião dos cardeais em rigorosa clausura quando da eleição de um novo papa. Eles ficam incomunicáveis com o mundo exterior até que haja um papa eleito.

Concurso – sua principal característica é a competição, podendo ser aplicado a diversas áreas: artística, cultural, desportiva, científica e outras. Deve ser coordenado por uma comissão organizadora, que estabelecerá o regulamento, a premiação e o júri.

Conferência – caracteriza-se pela apresentação de um tema por autoridade em determinado assunto para um grande número de pessoas. É uma reunião bastante formal, que exige a presença de um presidente de mesa que coordenará os trabalhos. Não são permitidas interrupções e as perguntas são feitas no final da apresentação por escrito e com identificação.

Congresso – reuniões promovidas por entidades associativas que visam debater assuntos de interesse de determinado ramo profissional, como, por exemplo: médicos, engenheiros, professores, economistas. Os congressos podem ser de âmbito internacional, nacional, regional, estadual e municipal. As sessões de trabalho dos congressos são divididas em vários outros tipos de evento: mesa-redonda, conferência, simpósio, comissões, painéis, palestras, debates. Os congressos podem ser divididos em técnicos ou científicos. Os congressos científicos são aqueles promovidos por entidades ligadas aos ramos das ciências naturais e/ou biológicas. Os congressos técnicos são aqueles realizados por entidades ligadas ao ramo das ciências exatas ou sociais. Basicamente, os congressos técnicos se desenvolvem por intermédio de sessões de comissões ou grupos de trabalhos, divididos em tantos quanto for necessário, de acordo com a complexidade do tema ou o número de participantes. Cada grupo de trabalho discute um tema, apresentando sua recomendação à sessão plenária da qual participam todos os congressistas. Essas recomendações são submetidas à apreciação do plenário, que, no final, votará por sua aprovação ou não. Uma vez aprovadas as recomendações, estas farão parte das conclusões do congresso, que serão encaminhadas às autoridades competentes, como pronunciamento oficial da classe. Um documento conhecido como "anais" do congresso, que registra essas conclusões, bem como os trabalhos apresentados, é entregue ao final do evento.

Convenção – reunião promovida por empresas, setores industriais (vendedores) e partidos políticos. As convenções, quando reúnem pessoas de empresas, são realizadas por setores distintos ou congregam todos os setores integrantes da empresa. Há também convenções de vendas, que reúnem os elementos ligados ao setor (vendedores, revendedores, distribuidores, representantes) para o lançamento de um novo produto ou a apresentação de um novo plano de expansão no mercado. Outros tipos de convenção podem ser realizados, como convenções para congraçamento, comemorações, de fim de ano etc. Todas as convenções buscam a integração de pessoas pertencentes a uma determinada empresa ou partido político, submetendo-se a certos estímulos coletivos para que possam agir em defesa dos interesses da referida empresa ou partido.

Coquetel – reunião de pessoas cujo objetivo é a comemoração de alguma data ou acontecimento. Nesse tipo de evento são servidos bebidas e canapés. É um evento de curta duração, nunca devendo ultrapassar uma hora e meia. Segundo Carvalho (1987), o coquetel caracteriza-se pelos "4 S": um para surgir, um para saudar, um para sorrir e o último para sumir.

Debate – discussão entre dois oradores, cada um defendendo um ponto de vista. Existe a necessidade de um moderador para a coordenação do debate. Pode ser aberto ao público ou transmitido por veículo de mídia, entretanto, a plateia nunca participa com perguntas.

Desfile – evento que se classifica na categoria promocional. Geralmente é promovido por confecções para a apresentação de seus produtos. As condições básicas para seu sucesso são a escolha adequada dos convidados, dos produtos a serem mostrados, dos manequins (demonstradores), da trilha sonora e uma divulgação eficiente.

Encontro – reunião de pessoas de uma categoria para debater sobre temas antagônicos, apresentados por representantes de grupos participantes, necessitando de um coordenador para resumir e apresentar as conclusões dos diversos grupos.

Entrevista coletiva – tipo de evento no qual um especialista ou representante de empresa, entidade ou governo se coloca à disposição para responder sobre determinado assunto de seu conhecimento; os questionadores são a imprensa.

Exposição – exibição pública de produção artística, industrial, técnica ou científica. Pode haver ou não objetivo de venda dos produtos expostos.

Feira – exibição pública com o objetivo de venda direta ou indireta, constituída de vários estandes, montados em lugares especiais, onde se colocam produtos e serviços.

Fórum – reunião que visa conseguir participação efetiva de um público numeroso, a fim de obter mais informações sobre determinado tema proposto. Permite aos interessados (técnicos e especialistas) debater com liberdade seus pontos de vista a respeito de temas em pauta, em busca de consenso geral.

Happy hour – reunião de fim de tarde (coquetel/drinque), promovida por bares e restaurantes, caracterizada por disputas (dado, dardo, dominó e outras) entre maîtres e clientes, nas quais quem ganha não paga a conta.

Jornada – encontros de grupos profissionais, de âmbito regional, para discutir assuntos de interesse comum. Esses encontros são promovidos por entidades de classe, e as conclusões podem servir de diretrizes para o segmento.

Megaevento – evento de lazer e turismo em larga escala, como os Jogos Olímpicos ou as Feiras Mundiais. Geralmente, é de curta duração, com consequências de longa duração para as cidades que o sediam. Está associado à criação de infraestrutura e comodidades para o evento, frequentemente gerando débitos a longo prazo e sempre requerendo uso programado com bastante antecedência. Um megaevento, se bem-sucedido, projeta nova (ou talvez renovada) e persistente imagem positiva da cidade-hóspede por meio da mídia nacional e internacional, em particular por cobertura de televisão. É frequente haver consequências a longo prazo em termos de turismo, realocação industrial e entrada de investimentos. Como resultado, os governantes e organizadores de eventos tipicamente afirmam que megaeventos ajudam a nomear necessidades econômicas e culturais, bem como os direitos dos habitantes locais, embora não considerem de fato se cidadãos foram consultados sobre participarem da sua realização. Essa atividade é considerada uma produção social.

Mesa-redonda – reunião questionadora de um grupo de quatro a oito pessoas que se sentam em semicírculo e debatem sobre um assunto controvertido e de interesse público. Um moderador coordena os trabalhos, e o plenário pode ou não participar por intermédio de perguntas.

Mostra – exposição itinerante.

Oficina – evento semelhante ao *workshop*, mais utilizado pela área educacional, porque proporciona a construção do conhecimento; já o *workshop* destina-se mais à área empresarial, pois visa à demonstração de produtos.

Painel – outro tipo de reunião derivado da mesa-redonda. Tem como objetivo reproduzir as informações de um pequeno para um grande grupo assistente, permitindo o conhecimento de vários ângulos da situação proposta. A estrutura do painel é composta por um orador e quatro painelistas que se apresentam sob a coordenação de um moderador. O painel apresenta um tema com vários subtemas. Nessa modalidade, pode ocorrer o debate entre os expositores. No Brasil, esse evento permite a participação do público por meio de perguntas após o final da exposição.

Palestra – menos formal que a conferência, caracteriza-se pela apresentação de um tema predeterminado a um grupo pequeno, que já possui noções sobre o assunto. É coordenada por um moderador e permite a intervenção dos participantes durante a exposição.

Roda de negócios – reunião que tem por objetivo aproximar empresas para realizar parcerias e negociar seus produtos e serviços ou concluir uma negociação político-econômica.

Roadshow – consiste na demonstração itinerante, montada sobre um ônibus ou carreta, que se desloca para áreas geoeconômicas de determinado país ou estado, com o objetivo de informar e mostrar o potencial de uma organização, governo ou entidade por meio da apresentação de fotos, gráficos, livros, protótipos de produtos e vídeo, visando conquistar novos clientes, associados ou parceiros e obter o apoio do público.

ORIGEM, EVOLUÇÃO, CONCEITOS E TIPOLOGIA DE EVENTOS **11**

Salão – destinado a promover e divulgar produtos e informar sobre eles, com o intuito de criar para os consumidores uma imagem positiva da instituição promotora. Não possui finalidades comerciais imediatas; seu objetivo principal é a promoção institucional.

Semana – reunião de pessoas pertencentes a uma categoria profissional que visam discutir temas de interesse comum. Segue o mesmo esquema do congresso, com palestras, conferências e painéis. É necessária uma comissão organizadora e a produção de anais para distribuir aos participantes.

Seminário – consiste em uma exposição verbal feita para pessoas colocadas no mesmo plano, cujos participantes possuem conhecimento prévio do assunto a ser exposto. Seu propósito é fornecer e somar informações de temas já pesquisados. O evento divide-se em três fases:
- fase da exposição – quando alguém, previamente escalado, realiza uma pesquisa e leva sua contribuição para o grupo;
- fase da discussão – quando o assunto em pauta é debatido e detalhado em todos os seus aspectos;
- fase da conclusão – quando um coordenador, polarizando as opiniões dominantes, propõe as recomendações finais do seminário à aprovação do grupo.

Showcasing – evento lançado recentemente no Brasil, como uma alternativa para feiras. O *showcasing* insere o conceito de vitrine interativa. Os produtos ou serviços são expostos em vitrines fechadas, e os participantes não têm nenhum contato direto com os expositores. A comunicação ocorre por intermédio de telefones instalados nas cabines e conectados diretamente a uma central de informação.

Simpósio – reunião derivada da mesa-redonda que possui como característica apresentar alto nível de qualidade e contar com a participação de renomados especialistas. A diferença fundamental entre simpósio e mesa-redonda é que no simpósio os expositores não debatem entre si o tema apresentado. As perguntas são efetuadas pelo público, que participa ativamente dos trabalhos.

Videoconferência ou teleconferência – novo meio de organizar evento por uma linha de satélites e um espaço físico adequado, que permitem a interação entre os participantes. A videoconferência tem como característica principal apresentar um tema de interesse de determinado grupo de pessoas, estando essas pessoas em locais diferentes e distantes. As vantagens desse tipo de evento são:

- encurtar distâncias;
- racionalizar diálogos;
- reduzir investimentos;
- acelerar a troca de informações entre pessoas ou empresas.

Embora a videoconferência apresente muitas vantagens, há também alguns pontos negativos a ressaltar, tais como:

- participação limitada de público;
- interação relativa entre os participantes, pois não existe a proximidade física entre eles.

Visita ou *open day* – reunião usada pelos meios empresariais para mostrar os sistemas, métodos, equipamentos e materiais a determinado segmento de público. Para tanto, a empresa deve observar um planejamento que contemple recepção, demonstração audiovisual, brindes e *releases* de acordo com as características do público a ser recebido.

Workshop – grupo de trabalho ou oficina. O *workshop* é uma reunião de especialistas para apresentação de novas técnicas, desenvolvimento de novos temas de determinada área. Atividade usada nos meios das artes e dança. Pode fazer parte de um evento de maior amplitude.

Outros eventos – inaugurações, shows, lançamentos, sorteios, rodeios, leilões, comícios, jantares etc.

2

NOÇÕES DE PLANEJAMENTO DE EVENTOS

As fases do processo de planejamento e organização de eventos são:

- Concepção – incorporação da ideia.
- Pré-evento – planejamento e organização.
- Transevento – realização.
- Pós-evento – avaliação e encerramento.

Cada fase é apresentada de forma sucinta a seguir.

CONCEPÇÃO

Antes de começar a organizar um evento, é importante que a ideia seja incorporada por alguns empreendedores, que começarão a lhe dar forma mediante o levantamento do maior número possível de elementos, tais como:

- Reconhecimento das necessidades desse evento.
- Elaboração de alternativas para suprir as suas necessidades.
- Identificação dos objetivos específicos.
- Coleta de informações sobre os participantes, patrocinadores, entidades e outras instituições em potencial.

- Listagem dos resultados desejados.
- Estimativas de viabilidade econômica e técnica.
- Estimativas de tempo.
- Estabelecimento de diretrizes.
- Elaboração dos contornos do projeto.

PRÉ-EVENTO

O planejamento, a exemplo de qualquer atividade humana, é a peça fundamental num processo de organização de evento. É o primeiro esforço organizacional que engloba todas as etapas de preparação e desenvolvimento do evento. É a fase decisiva, na qual estão inseridos a coordenação executiva e os controles financeiro, técnico-administrativo e social do evento.

Nessa fase, são definidas e realizadas atividades como:

- Serviços iniciais.
- Serviços de secretaria.
- Detalhamento do projeto.
- Outras.

A seguir será apresentado o detalhamento do projeto, porque esta atividade propicia uma visão mais abrangente dos elementos que compõem a estrutura de um evento.

Detalhamento do projeto

A elaboração do pré-projeto para a organização do evento é o passo inicial, porque apresenta em linhas gerais a ideia do que se pretende realizar. No entanto, para a concretização dessa ideia, é necessário que esse pré-projeto seja detalhado, transformando-se no projeto do evento.

Os principais itens que devem ser enfocados nesse projeto e que compõem a estrutura organizacional de um evento são:

- Definição do produto.
- Escolha do local.

NOÇÕES DE PLANEJAMENTO DE EVENTOS

- Definição da data.
- Elaboração de temário e calendário.
- Identificação e análise dos participantes.
- Estratégia de comunicação e marketing.
- Infraestrutura de recursos audiovisuais, materiais e serviços.
- Serviço de transporte para participantes e convidados.
- Hospedagem dos participantes e convidados.
- Programação social, cultural e turística.
- Agência de viagem e turismo.
- Recursos financeiros.
- Cronograma básico.

Cabe ressaltar que, dependendo do tipo do evento e de sua abrangência, cada um desses itens pode apresentar grau de relevância diferenciado, ou seja, maior ou menor grau de detalhamento.

Instrumentos auxiliares e de controle do planejamento

Para realizar o processo de planejamento e organização de eventos, existem alguns instrumentos que auxiliam no desenvolvimento e no controle das atividades, conforme apresenta-se a seguir.

Cronograma básico

Este instrumento apresenta a distribuição ordenada das atividades e providências a serem tomadas dentro de determinado espaço de tempo, com datas previstas para início e término de cada tarefa.
O cronograma estabelece também responsabilidades de execução. O acompanhamento e a avaliação constantes do cronograma evitam e previnem atrasos na execução das atividades durante o processo de organização do evento.

Briefing

Conjunto de informações e instruções facultadas com antecedência aos organizadores sobre os aspectos mais relevantes do evento que será organizado.

Esse instrumento é aplicado também em outras situações, quando se torna necessário esclarecer a alguém, resumidamente, o andamento do processo ou qualquer problema que não está solucionado.

■ *Checklist*

É uma relação de providências, tarefas ou necessidades do evento. Existem diversas formas de apresentação do *checklist*, por exemplo, reunir as necessidades por ordem alfabética ou por grupos de atividades, setores de organização ou para circunstâncias específicas, tais como *checklist* da secretaria do plenário, de programação social, de local do evento e outras.

TRANSEVENTO

Fase que acontece o evento, isto é, nela estão inseridos a coordenação executiva e o controle financeiro, técnico-administrativo e social do evento.

É o transcorrer das atividades, ou seja, a aplicação das determinações previstas no pré-evento, na qual todas as etapas do evento são acompanhadas mediante a aplicação do *checklist* geral e por área.

Um evento, dependendo do seu porte e/ou da sua complexidade, apresenta setores necessários para atender as suas necessidades. Cabe ressaltar que todos os eventos, sem exceção, possuem um setor de recepção. Os principais setores que um evento pode apresentar durante a sua realização são:

- Portaria/entrada com serviço de manobrista.
- Bilheterias.
- Recepção de participantes e de convidados.
- Secretaria do evento.
- Palco para apresentação de palestrantes, show e lançamento de produto.
- Camarins.
- Sala *vip*.
- Sala de imprensa.
- Salas de apoio.
- Área de serviço de táxi e/ou transporte coletivo.
- Área para agência de turismo.
- Área para informações turísticas.

- Sala ou salão para coquetel.
- Pista de dança.
- Ambiente social com mesas, *lounges*.
- Cabines de tradução simultânea.
- Cozinha de apoio ou copa.
- Área de serviço.
- Banheiros de serviço.
- Banheiros para participantes e convidados.
- Área de serviço de seguranças (civil e/ou militar).
- Pronto socorro.
- Outros.

Pesquisa de opinião

Nesta fase também costuma-se pedir aos participantes que façam uma avaliação do evento, por meio do preenchimento de um questionário. Esse tipo de pesquisa deve ser realizado para que o promotor e o organizador do evento possam identificar os pontos fortes e fracos do evento. Isso possibilita que os pontos de estrangulamento sejam corrigidos nos próximos eventos.

PÓS-EVENTO

Após a realização do evento, inicia-se o processo de encerramento, que consiste na avaliação técnica, administrativa e dos participantes. Isto é, ocorre a confrontação dos resultados esperados com os obtidos, possibilitando identificar os pontos positivos e negativos do evento.

Para a efetivação dessa fase, são necessários alguns instrumentos de controle que foram utilizados durante a organização do evento, tais como:

- Formulários de procedimentos formais.
- *Checklist*.
- Relatórios periódicos das atividades.
- Atas das reuniões periódicas.
- Questionários de avaliação dos participantes.
- Outros.

As principais rotinas que devem ser efetuadas no pós-evento são as referentes ao serviço de secretaria, divulgação do pós-evento e serviços complementares.

ASPECTOS LEGAIS[1]

O organizador de eventos deve conhecer a legislação que rege a atividade eventos, a fim de evitar alguns problemas de última hora que possam inviabilizar o evento. A seguir, encontram-se algumas legislações que direta ou indiretamente interferem no planejamento e na organização de eventos.

Federal

DECRETO N. 70.274/72 – Aprova as normas do cerimonial público e a ordem geral de precedência.

LEI N. 7.853/89 – Dispõe sobre o apoio às pessoas portadoras de deficiência, sua integração social, sobre a Coordenadoria Nacional para Integração da Pessoa Portadora de Deficiência – Corde, institui a tutela jurisdicional de interesses coletivos ou difusos dessas pessoas, disciplina a atuação do Ministério Público, define crimes, e dá outras providências.

LEI N. 8.069/90 – Dispõe sobre o Estatuto da Criança e do Adolescente – ECA, e dá outras providências.

LEI N. 8.078/90 – Dispõe sobre a proteção do consumidor, e dá outras providências.

LEI N. 9.610/98 – Altera, atualiza e consolida a Lei n. 5.988/73, sobre direitos autorais e dá outras providências.

O Ecad – Escritório Central de Arrecadação e Distribuição – foi criado pela Lei n. 5.988 e mantido pela atual Lei n. 9.610.

LEI N. 10.406/2002 – Institui o Código Civil Brasileiro.

LEI N. 10.741/2003 – Dispõe sobre o Estatuto do Idoso, e dá outras providências.

---

[1] Os links das leis aqui citadas estão disponíveis no site www.manoleeducacao.com.br/aartedereceberemeventos.

As legislações estaduais e municipais que serão apresentadas a seguir, a título de informação, referem-se ao estado e à cidade de São Paulo, mas fica o lembrete que tanto o promotor quanto o organizador de eventos devem conhecer a legislação dos estados e cidades sede onde irão realizar o seu evento.

Estadual

RESOLUÇÃO SSP-122, de 24 de setembro de 1985 – em seu Art. 1º, determina que as autoridades policiais militares, no exercício da polícia de manutenção da ordem pública, somente forneçam policiamento ostensivo para espetáculos públicos mediante prévia vistoria das instalações dos estádios, ginásios, teatros ou recintos onde serão realizados, expressa em relatório.

RESOLUÇÃO SSP-121, de 09 de junho de 1995 – Dispõe sobre a fiscalização, fabricação, comércio e uso de fogos de artifícios e de estampido no estado de São Paulo.

LEI N. 9.250/95 – Altera a Lei n. 7645/91, que dispõe sobre a taxa de fiscalização e serviços diversos, e dá providências correlatas.

PORTARIA N. PM3-001/02/96, de 26 de setembro de 1996, do Comandante Geral, que disciplina o disposto na Resolução SSP-122/85, baixando instrução técnica para a realização das vistorias prévias, bem como o recolhimento da Taxa de Fiscalização e Serviços Diversos prevista no item "6.2" da Tabela "A" da Lei n. 7.645/91, com alteração procedida através da Lei n. 9.250/95, em razão do emprego de policiamento ostensivo preventivo.

DIRETRIZ N. PM3-004/02/96 – Estabelece normas de procedimento para a execução de vistorias prévias em locais destinados à realização de espetáculos públicos, culturais, desportivos ou artísticos e a cobrança da Taxa de Fiscalização e Serviços Diversos nos espetáculos públicos com fins lucrativos.

INSTRUÇÃO TÉCNICA N. CB 014/33/00, de 30 de novembro de 2000 – Dispõe sobre o dimensionamento de lotação e saídas de emergência em recintos de eventos desportivos e de espetáculos artístico-culturais.

LEI N. 13.541/2009 – Proíbe o consumo de cigarros, cigarrilhas, charutos, cachimbos ou de qualquer produto fumígeno, derivado ou não do tabaco, na forma que especifica.

LEI N. 14.592/2011 – Proíbe vender, ofertar, fornecer, entregar e permitir o consumo de bebida alcoólica, ainda que gratuitamente, aos menores de 18 (dezoito) anos de idade, e dá providências correlatas.

LEI N. 767/2011 – Dispõe sobre a exposição, nos locais que especifica, de bebidas alcoólicas, e dá outras providências.

DECRETO N. 57.524/2011 – Regulamenta a Lei n. 14.592/2011, que proíbe a venda, a oferta, o fornecimento, a entrega e a permissão de consumo de bebida alcoólica, ainda que gratuitamente, aos menores de 18 (dezoito) anos de idade, e dá providências correlatas.

Municipal

DECRETO N. 34.569/94 – Institui o Programa Silêncio Urbano (Psiu), visando controlar e fiscalizar o ruído excessivo que possa interferir na saúde e no bem-estar da população, e dá outras providências.

DECRETO N. 35.928/96 – Reestrutura o Programa de Silêncio Urbano (Psiu), instituído pelo Decreto n. 34.569/94, e dá outras providências.

LEI N. 14.223/2006 – Dispõe sobre a ordenação dos elementos que compõem a paisagem urbana do município de São Paulo.
Essa lei também é conhecida como Lei da Cidade Limpa.

LEI N. 01-00385/2011 – Estabelece a obrigatoriedade da afixação nas bilheterias, dos alvarás de funcionamento e laudos de vistoria técnica nos eventos e locais de diversões no âmbito do município de São Paulo.

LEI N. 01-00478/2011 – Dispõe sobre a obrigatoriedade de disponibilização de lavatórios em feiras e eventos que comercializam alimentos para pronto consumo.

Obs.: Quando houver necessidade de alvará para a realização do evento, não esquecer de consultar o Departamento de Controle de Uso de Imóveis – Contru, da Secretaria de Habitação.

3

ESTRUTURA ORGANIZACIONAL DOS EVENTOS

A estrutura organizacional do setor de eventos é composta da seguinte forma:

- Promotor de eventos.
- Organizador de eventos.
- Prestadores de serviços.

PROMOTOR DE EVENTOS

O promotor de eventos é a principal figura da estrutura organizacional dos eventos, porque ele é o responsável pela concepção da ideia e dos objetivos que se pretende alcançar com a realização do evento.

Além de ser o idealizador da atividade, o promotor de eventos ainda tem como atribuições:

- Decidir sobre a necessidade do investimento.
- Decidir pelo tipo de evento e o que será apresentado (assunto, produto, pessoa, entidade, empresa e outros).
- Sugerir e decidir quem serão os convidados (autoridades, especialistas e outros).

- Escolher o organizador de eventos.
- Sugerir e escolher em conjunto com o organizador de eventos os patrocinadores e prestadores de serviços.
- Outros.

Os principais segmentos promotores de eventos são:

- Entidades de classe.
- Indústrias.
- Prestadores de serviços.
- Poder público federal, estadual e municipal.
- Outros.

ORGANIZADOR DE EVENTOS

A organização de eventos consiste nas relações estruturais que mantêm unidos o promotor de eventos, a empresa organizadora e os prestadores de serviços. Isso representa o sistema em que o esforço de cada agente econômico envolvido no processo é ordenado e coordenado pelo organizador de eventos, objetivando atingir uma ou várias metas.

Funções do organizador de eventos

A seguir, no Quadro 3.1, encontram-se as funções do organizador de eventos.

QUADRO 3.1 – FUNÇÕES DO ORGANIZADOR DE EVENTOS

Planejamento	É o estabelecimento de um esquema orientador, relativo a ações futuras.
Organização	É o agrupamento lógico das tarefas a serem desenvolvidas para alcançar as ações futuras previstas no planejamento.

(continua)

QUADRO 3.1 – FUNÇÕES DO ORGANIZADOR DE EVENTOS (continuação)

Direção	Tomada de decisões entre diversas alternativas. Transmissão e delegação de ordens. Chefia de subordinados. Coordenação das atividades individuais e coletivas.
Controle	É a verificação da execução das ações previstas no planejamento.
Avaliação	Comparar se a execução está ocorrendo de acordo com o estabelecido no planejamento para identificar possíveis desvios que possam ocorrer e prejudicar o alcance dos objetivos preestabelecidos.
Replanejamento	Caso seja identificado algum desvio na avaliação das ações, deve-se efetuar um replanejamento para correção e continuar a execução das ações.

Perfil do organizador de eventos

O organizador de eventos, para assumir o papel de intermediário dos prestadores de serviços necessários à realização de um evento, como também atender às necessidades do promotor de eventos, deve apresentar algumas características pessoais, como:

- Criatividade.
- Visão global da atividade.
- Ser foco de irradiação e motivação.
- Segurança.
- Disciplina.
- Flexibilidade.
- Raciocínio rápido.
- Preparo físico.
- Ser realista.
- Ter paciência infinita.

- Possuir conhecimentos técnicos da atividade.
- Possuir conhecimentos gerais.
- Outros.

PRESTADORES DE SERVIÇOS

São os representantes dos diversos segmentos econômicos que disponibilizam serviços e/ou equipamentos necessários a organização e realização de um evento.

Os principais tipos de prestadores de serviços para eventos são:

- Espaços de eventos.
- Transportadoras aéreas.
- Transportadoras terrestres.
- Meios de hospedagem.
- Agências de turismo.
- Gráficas.
- Empresas de decoração.
- Empresas de equipamentos audiovisuais.
- Empresas de alimentos e bebidas.
- Tradutores e intérpretes.
- Empresas de reprografia (xerox).
- Montadoras de estandes.
- Profissional de recepção em eventos.
- Médicos.
- Segurança.
- Outros.

Processo de seleção/escolha de prestador de serviço

A seleção/escolha dos prestadores de serviços para eventos é de suma importância para o sucesso de um evento. Para a seleção/escolha de um prestador de serviço, o organizador de eventos deve estabelecer e observar alguns pré-requisitos que lhe darão subsídios para fazer a opção que melhor atende às necessidades do seu evento.

Para exemplificar como ocorre o processo de seleção/escolha de um prestador de serviço, por exemplo, um espaço de eventos, inicialmente o organizador de eventos deve conhecer os diversos tipos de locais onde se realizam eventos, conforme apresenta-se a seguir:

- Auditórios.
- Bibliotecas.
- *Buffet.*
- Cafés.
- Casas noturnas.
- Centros de convenções.
- Centros culturais.
- Clubes.
- Empresas.
- Escolas (universidades, colégios, faculdades).
- Espaços alternativos.
- Estacionamentos.
- Estádios.
- Galerias de arte.
- Ginásios.
- Hotéis.
- Hospitais.
- Igrejas (das diversas religiões).
- Livrarias.
- Museus.
- Navios.
- Pavilhões de feiras.
- Praças.
- Parques.
- Restaurantes.
- Ruas.
- Sítios.
- Teatros.
- Outros.

Após a identificação dos locais, o organizador de eventos deve estabelecer alguns pré-requisitos para proceder a seleção/escolha do local mais adequado para a realização do seu evento. Os pré-requisitos que guiam o organizador nesse processo são:

- Público previsto.
- Tipo do evento.
- Capacidade do local em número de assentos e/ou m².
- Imagem do local.
- Facilidade de acesso.
- Serviços disponíveis no local.
- Estacionamento.
- Dimensão e condições das bilheterias, portaria, sanitários e outros.
- Outros.

LEGISLAÇÃO BRASILEIRA DO SETOR DE EVENTOS[1]

O setor de eventos, assim como toda e qualquer atividade econômica e/ou social, possui instrumentos legais que regem e zelam pelo seu bom andamento. Portanto, é aconselhável que o organizador de eventos tenha conhecimento desses instrumentos, que regulam o planejamento e o desenvolvimento do setor de eventos. A seguir, apresentam-se as legislações brasileiras que atualmente regem a atividade eventos no país:

LEI N. 8.078/90 – Dispõe sobre a proteção do consumidor e dá outras providências.

LEI N. 8.181/91 – Confere nova denominação à Empresa Brasileira de Turismo (Embratur) e dá outras providências.

LEI N. 10.406/2002 – Institui o Código Civil Brasileiro.

DECRETO N. 4.898/2003 – O decreto define que foram transferidas da Embratur – Instituto Brasileiro de Turismo – para o Ministério do Turismo – MTur – as competências relacionadas ao cadastramento de empresas turísticas. Além disso, ficam transferidas as obrigações e

---

[1] Os links das leis aqui citadas estão disponíveis no site www.manoleeducacao.com.br/aartedereceberemeventos.

os acervos técnico e patrimonial utilizados no desempenho das atividades.

LEI N. 11.771/2008 – Dispõe sobre a Política Nacional de Turismo, define as atribuições do Governo Federal no planejamento, desenvolvimento e estímulo ao setor turístico; revoga a Lei n. 6.505/77, o Decreto-Lei n. 2.294/86, e dispositivos da Lei n. 8.181/91 e dá outras providências.

Obs.: Essa lei também é conhecida como Lei Geral do Turismo.

DECRETO N. 7.381/2010 – regulamenta a Lei n. 11.771/2008, que dispõe sobre a Política Nacional de Turismo, define atribuições do Governo Federal no planejamento, desenvolvimento e estímulo ao setor turístico e dá outras providências.

PORTARIA N. 127, de 28 de julho de 2011 – Dispõe sobre a delegação de competência do Ministério do Turismo (M Tur) a órgãos da administração pública estadual, municipal e do Distrito Federal, para cadastramento, classificação e fiscalização dos prestadores de serviços turísticos.

PORTARIA N. 130, de 26 de julho de 2011 – Institui o Cadastro dos Prestadores de Serviços Turísticos – Cadastur –, o comitê Consultivo do Cadastur (CCCAD) e dá outras providências.

4

MERCADO DE EVENTOS

Em razão da inexistência de estudos, pesquisas e dados estatísticos em nível mundial que permitam analisar o desempenho do Turismo de Eventos e seus impactos nos diversos segmentos econômicos, serão utilizados dados apenas dos associados da International Congress and Convention Association (ICCA).

A ICCA é uma entidade que contribui para o desenvolvimento, em âmbito mundial, de todos os tipos de eventos internacionais. Mesmo não representando os resultados da atividade eventos como um todo, serve de base para analisar e traçar um perfil do desempenho do setor em nível mundial.

Com relação ao número de eventos internacionais, a ICCA publicou o estudo "Statistics Report 2000-2010", o qual apresenta dados consolidados pela instituição nesse período que permitem analisar melhor a evolução e o desempenho da atividade eventos no mundo.

A partir da metade da década de 1990, o desempenho da atividade eventos apresentou oscilações, em consequência das crises econômicas que têm abalado o mundo e também dos grandes avanços tecnológicos verificados no segmento eventos, como a maior utilização da videoconferência. A trajetória da atividade eventos tem apresentado oscilações durante os últimos 10 anos, apresentando índices negativos nos anos de 2010 e 2011, conforme mostra o Quadro 4.1.

QUADRO 4.1 – EVOLUÇÃO DO NÚMERO DE EVENTOS NO MUNDO (1996 A 2011)

Ano	Número de eventos	(%) Taxa de crescimento
1996	2.616	(-)
1997	2.240	-14,3
1998	2.957	32,0
1999	2.626	-11,1
2000	3.398	29,3
2001	5.262	54,8
2002	6.155	16,9
2003	6.405	0,4
2004	7.642	19,3
2005	8.121	6,2
2006	8.745	7,6
2007	9.536	9,0
2008	10.149	6,4
2009	10.346	1,9
2010	10.406	-0,5
2011	10.070	-3,2

Fonte: ICCA (2012a).

Conforme o Quadro 4.2, os países mais bem colocados em 2011 no *ranking* mundial de números de eventos internacionais sediados foram: Estados Unidos (759), Alemanha (577), Espanha (463), Reino Unido (434) e França (428). O Brasil encontra-se em 7º lugar, com 304 eventos.

QUADRO 4.2 – RANKING DOS PAÍSES TOP 10 DO MUNDO EM NÚMERO DE EVENTOS INTERNACIONAIS[1] (1996 A 2011)

	País	1996	1997	1998	1999	2000	2001	2002	2003	2004	2005	2006	2007	2008	2009	2010	2011[2]
1	Estados Unidos	230	223	268	237	234	478	584	594	650	680	684	704	714	727	623	759
2	Alemanha	139	147	178	165	161	301	322	347	423	430	473	549	495	524	542	577
3	Espanha	129	138	174	163	144	223	299	305	396	360	334	386	424	385	451	463
4	Reino Unido	181	185	186	166	193	237	316	324	322	406	417	386	424	378	399	434
5	França	148	134	160	142	141	279	291	290	385	360	393	376	450	384	371	428
6	Itália	126	129	144	133	116	277	298	320	351	328	349	376	399	408	341	363
7	Brasil	27	43	52	75	83	113	110	133	174	187	231	224	256	297	275	304
8	China	(-)	(-)	(-)	(-)	(-)	84	136	85	235	231	274	279	294	284	282	302
9	Holanda	130	124	124	105	126	188	171	189	236	234	233	245	277	271	219	291
10	Áustria	(-)	(-)	(-)	(-)	(-)	104	113	156	168	194	245	248	228	241	212	267

Fonte: ICCA (2011a e 2012a).

Nota: ([1]) São considerados internacionais os eventos itinerantes, com periodicidade fixa, mínimo de 50 participantes, que estejam pelo menos em sua terceira edição.
([2]) Dados não revisados.
(-) Dados não disponíveis.

O desempenho do Brasil nos últimos 7 anos enquanto país-sede de eventos internacionais foi bastante relevante, ganhou catorze posições no *ranking*, conforme mostra o Quadro 4.3.

QUADRO 4.3 – DESEMPENHO DO BRASIL NO RANKING ICCA DE EVENTOS INTERNACIONAIS (2001 A 2011)

Ano	Número de eventos	Posição no *ranking ICCA*
2001	113	(-)
2002	110	21º
2003	133	19º
2004	174	14º
2005	187	11º
2006	231	7º
2007	224	8º
2008	256	7º
2009	297	7º
2010	275	9º
2011	304	7º

Fonte: ICCA (2012a).

Nota: (-) Dado não disponível.

O Brasil encontra-se mais bem posicionado em termos de desenvolvimento da atividade de eventos no continente americano do que em relação ao mundo, conforme podemos observar na evolução dos eventos do Quadro 4.4.

QUADRO 4.4 – EVOLUÇÃO DO NÚMERO DE EVENTOS INTERNACIONAIS[1] NOS PAÍSES DO CONTINENTE AMERICANO (1994 A 2011)

	País	1994	1995	1996	1997	1998	1999	2000	2001	2002	2003	2004	2005	2006	2007	2008	2009	2010	2011
1	Estados Unidos	221	197	230	200	295	284	284	478	584	594	650	680	684	704	714	727	623	759
2	Brasil	41	37	27	42	57	78	96	113	110	133	174	187	231	224	256	297	275	304
3	Canadá	100	72	73	76	101	100	108	155	194	173	214	202	219	252	291	230	229	255
4	Argentina	21	23	16	23	32	26	28	78	53	57	93	99	106	130	138	155	172	186
5	México	25	20	26	26	22	19	27	71	111	120	138	110	138	134	160	124	140	175
6	Chile	26	15	07	09	10	18	11	37	45	58	67	85	77	87	81	79	91	(-)
7	Colômbia	(-)	10	04	05	07	03	03	18	17	21	25	55	54	60	68	78	95	(-)
8	Peru	(-)	(-)	05	05	07	06	05	14	26	37	34	32	38	36	55	47	44	(-)
9	Uruguai	(-)	(-)	03	06	12	10	09	30	20	25	23	43	41	49	42	44	42	(-)
10	Equador	(-)	(-)	(-)	(-)	(-)	(-)	(-)	08	12	17	20	17	25	28	28	30	30	(-)
11	Costa Rica	(-)	(-)	(-)	(-)	(-)	(-)	(-)	18	16	15	21	13	15	22	31	21	20	(-)
12	Paraguai	(-)	(-)	(-)	(-)	(-)	(-)	(-)	06	09	09	06	11	13	13	16	14	19	(-)

(continua)

QUADRO 4.4 – EVOLUÇÃO DO NÚMERO DE EVENTOS INTERNACIONAIS[1] NOS PAÍSES DO CONTINENTE AMERICANO (1994 À 2011) (continuação)

País	1994	1995	1996	1997	1998	1999	2000	2001	2002	2003	2004	2005	2006	2007	2008	2009	2010	2011
13 República Dominicana	(-)	(-)	(-)	(-)	(-)	(-)	(-)	07	07	17	16	11	17	29	13	11	17	(-)
14 Panamá	(-)	(-)	(-)	(-)	(-)	(-)	(-)	06	09	16	10	22	24	23	22	17	16	(-)
15 Guatemala	(-)	(-)	(-)	(-)	(-)	(-)	(-)	12	12	14	17	11	20	14	15	14	15	(-)

Fonte: ICCA (2012a).

Nota: ([1]) São considerados internacionais os eventos itinerantes, com periodicidade fixa, mínimo de 50 participantes, que estejam pelo menos em sua terceira edição.
(-) Dados não disponíveis.

Mesmo não possuindo dados disponíveis sobre o número de eventos internacionais de todos os países do continente americano referentes aos anos de 1994 a 2000, pode-se verificar que os três países que sempre lideraram o *ranking* são Estados Unidos, Brasil e Canadá.

Em 2006, o Brasil assumiu a 2ª posição, com 231 eventos internacionais, que aconteceram em 32 cidades brasileiras. Destas, apenas três figuraram no relatório da ICCA, porque a entidade somente divulga aquelas que sediaram no mínimo onze eventos internacionais. As cidades brasileiras citadas no relatório foram: Rio de Janeiro (39), São Paulo (29) e Salvador (18).

Nos anos de 2007 e 2008 o Brasil volta a figurar na 3ª posição. Em 2008 sediou 256 eventos internacionais, que aconteceram em várias cidades brasileiras, e as mais bem colocadas que foram divulgadas no relatório da ICCA foram: São Paulo (75), Rio de Janeiro (41), Salvador, Porto Alegre e Foz do Iguaçu (13) e Brasília (11).

Em 2009, o Brasil retoma a 2ª posição, na qual continua até hoje.

No *ranking* das cidades Top 10 do mundo não figura nenhuma cidade brasileira nem do continente americano, como mostra o Quadro 4.5.

QUADRO 4.5 – RANKING DAS CIDADES TOP 10 DO MUNDO EM NÚMERO DE EVENTOS INTERNACIONAIS[1] (1996 A 2010)

	Cidade	1996	1997	1998	1999	2000	2001	2002	2003
1	Viena	60	45	83	64	53	64	76	101
2	Barcelona	51	52	44	42	40	70	102	89
3	Paris	50	50	47	36	55	94	93	96
4	Berlim	26	20	37	43	39	63	74	98
5	Cingapura	27	23	43	46	40	49	66	76
6	Madri	(-)	(-)	(-)	(-)	(-)	53	52	63
7	Istambul	(-)	(-)	(-)	(-)	(-)	35	36	47
8	Lisboa	(-)	(-)	(-)	(-)	(-)	47	62	76
9	Amsterdã	50	47	56	42	46	57	67	64
10	Sydney	(-)	(-)	(-)	(-)	(-)	57	59	51
24	São Paulo	02	10	19	20	07	13	21	15
31	Rio de Janeiro	16	20	18	37	47	36	33	35

(continua)

QUADRO 4.5 – RANKING DAS CIDADES TOP 10 DO MUNDO EM NÚMERO DE EVENTOS INTERNACIONAIS[1] (1996 A 2010) (continuação)

Cidade	2004	2005	2006	2007	2008	2009	2010
1 Viena	113	144	163	179	150	159	154
2 Barcelona	135	135	104	122	151	144	148
3 Paris	138	132	173	153	167	141	147
4 Berlim	119	106	124	145	116	135	138
5 Cingapura	99	114	130	135	131	123	136
6 Madri	70	69	75	98	81	92	114
7 Istambul	52	60	80	80	92	93	109
8 Lisboa	81	86	81	108	97	106	106
9 Amsterdã	81	103	89	105	115	114	104
10 Sydney	44	57	58	71	72	62	102
24 São Paulo	34	30	57	55	65	78	75
31 Rio de Janeiro	43	43	50	43	45	63	62

Fonte: ICCA (2012a).
Nota: ([1]) São considerados internacionais os eventos itinerantes, com periodicidade fixa, mínimo de 50 participantes, que estejam pelo menos em sua terceira edição.
(-) Dados não disponíveis.

Entre as cidades das Américas que mais sediaram eventos internacionais em 2010 encontram-se Buenos Aires (98), São Paulo (75) e Rio de Janeiro (62), conforme mostra o Quadro 4.6.

QUADRO 4.6 – CIDADES DAS AMÉRICAS EM NÚMERO DE EVENTOS (1995 A 2010)

	Cidade	1995	1996	1997	1998	1999	2000	2001	2002	2003	2004	2005	2006	2007	2008	2009	2010
1	Buenos Aires	10	13	16	15	10	21	48	33	31	66	61	79	90	87	96	98
2	São Paulo	10	06	11	24	13	13	13	21	15	34	30	57	55	65	78	75
3	Rio de Janeiro	14	16	21	17	26	53	36	33	35	43	43	50	43	45	63	62
4	Santiago do Chile	(-)	(-)	(-)	(-)	(-)	(-)	22	32	40	42	54	51	55	53	44	58
5	Vancouver BC	17	17	21	16	20	06	30	33	27	46	39	59	52	59	47	58
6	Montreal PQ	13	15	12	20	08	27	30	43	42	45	47	42	63	60	59	57
7	Toronto	09	11	(-)	11	18	12	19	35	20	38	28	36	42	48	38	44
8	Boston	09	12	10	11	08	13	13	29	25	33	30	33	29	43	41	43
9	Cidade do México	(-)	(-)	(-)	(-)	(-)	(-)	18	28	36	34	35	47	32	45	37	43
10	Bogotá	(-)	(-)	(-)	(-)	(-)	(-)	06	05	05	07	16	21	23	27	26	38

Fonte: ICCA (2012a).

Nota: (-) Dados não disponíveis.

As cidades brasileiras que mais sediaram eventos internacionais no período de 2001 a 2010 estão no Quadro 4.7. As cinco primeiras posições foram ocupadas por: São Paulo, Rio de Janeiro, Brasília, Florianópolis e Porto Alegre.

QUADRO 4.7 – RANKING DAS CIDADES BRASILEIRAS EM NÚMERO DE EVENTOS INTERNACIONAIS[1] (2001 A 2010)

	Cidade	2001	2002	2003	2004	2005	2006	2007	2008	2009	2010
1	São Paulo – SP	13	21	15	34	30	57	55	65	78	75
2	Rio de Janeiro – RJ	36	33	35	43	43	50	43	45	63	62
3	Brasília – DF	04	08	04	06	06	10	03	13	09	12
4	Florianópolis – SC	06	02	08	07	06	08	08	08	13	12
5	Porto Alegre – RS	08	10	07	13	09	08	11	14	05	11
6	Foz do Iguaçu – PR	01	05	06	09	11	05	07	15	09	10
7	Belo Horizonte – MG	02	02	05	02	04	02	03	11	07	09
8	Salvador – BA	07	05	13	12	24	18	28	12	16	09
9	Recife – PE	03	02	01	03	03	01	03	08	08	07

Fonte: ICCA (2012a).

Nota: ([1]) São considerados internacionais os eventos itinerantes, com periodicidade fixa, mínimo de 50 participantes, que estejam pelo menos em sua terceira edição; figuram no quadro apenas as cidades que realizaram mais de cinco eventos no ano de 2010.

Além das cidades mais bem colocadas em número de eventos internacionais no Brasil, cabe aqui um destaque para as outras localidades brasileiras que também sediaram eventos internacionais, e que contribuíram com um total de 53 eventos, para que o país alcançasse a 7ª posição no *ranking* mundial.

O Quadro 4.8 apresenta as cidades e o respectivo número de eventos que cada uma delas sediou e mostra uma tendência de descentralização e interiorização dos eventos pelo Brasil. Isso se deve tanto a uma maior oferta de espaços para eventos que atende aos padrões internacionais nessas cidades sedes, como pela maior e melhor profissionalização do setor, que vem acontecendo não só nas grandes capitais.

MERCADO DE EVENTOS **39**

QUADRO 4.8 – OUTRAS CIDADES BRASILEIRAS SEDES DE EVENTOS INTERNACIONAIS[1] (2003 A 2010)

	Cidade	2003	2004	2005	2006	2007	2008	2009	2010
1	Curitiba – PR	02	03	04	06	(-)	04	(-)	04
2	Fortaleza – CE	(-)	05	(-)	11	(-)	05	(-)	04
3	Gramado – RS	(-)	(-)	(-)	(-)	(-)	01	(-)	04
4	Guarujá – SP	(-)	(-)	(-)	(-)	(-)	01	(-)	04
5	Natal – RN	(-)	(-)	(-)	(-)	(-)	01	(-)	04
6	Búzios – RJ	(-)	(-)	(-)	(-)	(-)	03	(-)	03
7	Campinas – SP	(-)	(-)	(-)	06	05	05	(-)	03
8	João Pessoa – PB	(-)	(-)	(-)	(-)	(-)	02	(-)	03
9	Maresias – SP	(-)	(-)	(-)	(-)	(-)	01	(-)	03
10	Ouro Preto – MG	(-)	(-)	(-)	(-)	06	02	(-)	03
11	São José dos Campos – SP	(-)	(-)	(-)	(-)	(-)	01	(-)	03
12	São Carlos – SP	(-)	(-)	(-)	(-)	(-)	(-)	(-)	03
13	Bento Gonçalves – RS	(-)	(-)	(-)	(-)	(-)	02	(-)	02
14	Campos do Jordão – SP	(-)	(-)	(-)	(-)	(-)	01	(-)	02
15	Vitória – ES	(-)	(-)	(-)	(-)	(-)	01	(-)	02
16	Belém – PA	(-)	(-)	(-)	(-)	(-)	(-)	(-)	02
17	Canela – RS	(-)	(-)	(-)	(-)	(-)	(-)	(-)	02
18	Niterói – RJ	(-)	(-)	(-)	(-)	(-)	(-)	(-)	02
	TOTAL	02	08	(-)	23	11	30	(-)	53

Fonte: ICCA (2012a).

Nota: ([1]) São considerados internacionais os eventos itinerantes, com periodicidade fixa, mínimo de 50 participantes, que estejam pelo menos em sua terceira edição.
(-) Dados não disponíveis.

O Quadro 4.9 apresenta a classificação das cidades brasileiras mais bem colocadas em número de eventos internacionais sediados em relação ao *ranking* global.

QUADRO 4.9 – CLASSIFICAÇÃO DAS CIDADES BRASILEIRAS MELHORES COLOCADAS EM RELAÇÃO AO RANKING GLOBAL EM 2010

	Cidade	*Ranking* global
1	São Paulo – SP	24º
2	Rio de Janeiro – RJ	31º
3	Brasília – DF	146º
	Florianópolis – SC	146º
4	Porto Alegre – RS	159º
5	Foz do Iguaçu – PR	178º
6	Belo Horizonte – MG	196º
	Salvador – BA	196º
7	Recife – PE	249º

Fonte: ICCA (2012a).

A partir de 2009, o mercado mundial de eventos apresentou queda no seu crescimento em decorrência das crises econômicas americana e europeia, e também em função dos conflitos no mudo árabe. No entanto, o Brasil tem apresentado crescimento significativo; apenas em 2010 teve um decréscimo, voltando a crescer novamente no ano seguinte. Essa fase da atividade eventos ocorre principalmente pela estabilidade econômica e também em função da realização dos grandes eventos internacionais que o país sedia a partir de 2013. Esses eventos são:

- Jornada Mundial da Juventude (2013): Rio de Janeiro – RJ.
- Copa das Confederações (2013): Belo Horizonte – MG, Brasília – DF, Fortaleza – CE, Recife – PE, Rio de Janeiro – RJ e Salvador – BA.

- Copa do Mundo Fifa (2014): Porto Alegre – RS, Curitiba – PR, São Paulo – SP, Rio de Janeiro – RJ, Belo Horizonte – MG, Salvador – BA, Recife – PE, Natal – RN, Fortaleza – CE, Manaus – AM, Brasília – DF e Cuiabá – MT.
- Jogos Olímpicos (2016): Rio de Janeiro – RJ.

Cabe ressaltar ainda que, segundo o Bureau International des Expositions (BIE), a cidade de São Paulo está disputando com Izmir (Turquia), Ekaterinburg (Rússia), Dubai (Emirados Árabes Unidos) e Ayutthaya (Tailândia) para sediar a Exposição Universal de 2020.

O Brasil está vivendo atualmente um momento único em termos de exposição na mídia, porque vai realizar numa mesma década os dois principais eventos esportivos do mundo, que são a Copa do Mundo Fifa 2014 e os Jogos Olímpicos Rio 2016.

Os olhos do mundo estão voltados para o nosso país, por isso precisamos nos preparar profissionalmente para organizar e receber bem os turistas que aqui vierem.

PARTE

2

O PROFISSIONAL DE RECEPÇÃO EM EVENTOS

5

OS PRIMEIROS PASSOS NA PROFISSÃO DE RECEPÇÃO DE EVENTOS

Como em toda profissão, o profissional de recepção em eventos deve inicialmente buscar formação e preparar-se tecnicamente para o cargo de recepcionista. Em geral, o CBO aconselha:

> [...] o ensino médio completo, exceto para o recepcionista de hotel, que tem como pré-requisito o ensino superior incompleto. É desejável curso básico de qualificação de até duzentas horas-aula e de um a dois anos de experiência profissional para o recepcionista, em geral.
>
> Para as demais ocupações elencadas nesta família ocupacional, demandam formação profissional para efeitos do cálculo do número de aprendizes a serem contratados pelos estabelecimentos, nos termos do artigo 429 da Consolidação das Leis do Trabalho – CLT, exceto os casos previstos no art. 10 do decreto 5.598/2005.

O profissional de recepção em eventos, para apresentar-se ao mercado de trabalho, deve primeiro preparar-se tecnicamente por meio de cursos de qualificação, experiências em trabalhos voluntários, leituras sobre o tema, participar de eventos e observar outros profissionais atuando.

Após sentir-se apto a atuar de forma profissional, deve identificar no mercado de trabalho as empresas prestadoras de serviços de recepção para eventos e selecionar aquelas que melhor se adequam ao tipo de evento em que queira atuar.

Ao se apresentar à empresa prestadora de serviços de recepção para se cadastrar, o profissional de recepção deverá ter em seu poder sua documentação pessoal, que geralmente é solicitada a qualquer candidato que busca emprego, como também *curriculum vitae* e *book* de fotografias.

A empresa prestadora de serviços de recepção irá solicitar o preenchimento de uma ficha cadastral, na qual deverão ser colocados os dados pessoais do profissional, suas qualificações e experiências, bem como altura, peso, manequim, tamanho do sapato e outros.

Cabe lembrar que, conforme já mencionado anteriormente, as informações sobre altura, peso, manequim e tamanho do sapato devem ser as reais, para evitar surpresas de última hora tanto para a empresa contratante e o organizador do evento quanto para o profissional.

Algumas empresas prestadoras de serviços de recepção para eventos, no ato da realização do cadastro, solicitam também cartas de referências ou então a indicação de pessoas que possam dar referências sobre o cadastrado.

Após o cadastro nas empresas, o profissional de recepção deve ficar atento à oferta de trabalho no mercado, por meio de acompanhamento do calendário de evento oficial, e temporariamente entrar em contato com a empresa para verificar se existe a possibilidade da sua contratação para algum evento.

Outra sugestão para o profissional de recepção de eventos poder se inserir no mercado de trabalho é cadastrar-se em locais que realizam eventos sociais, corporativos e outros que não fazem parte do calendário oficial, como *buffet*, casas noturnas, clubes, espaços alternativos e outros.

ASPECTOS LEGAIS DA PROFISSÃO

O cargo de recepcionista de eventos, na maioria das situações existentes no mercado de trabalho, possui característica de serviço temporário, isto é, curta duração.

Portanto, a contratação do profissional de recepção em eventos deve seguir as normas de prestação de serviços temporários. Segundo o Ministério do Trabalho e Emprego (MTE)[1],

> [...] trabalho temporário é aquele prestado por pessoa física a uma empresa, para atender a necessidade transitória de substituição de seu pessoal regular e permanente ou a acréscimo extraordinário de serviços, e está regulamentado pela Lei n. 6.019, de 03 de janeiro de 1974 e pelo Decreto 73.841, de 13 de

---

1 Disponível em: http://www3.mte.gov.br/trab_temp/default.asp. Acessado em: 05 nov. 2012.

março de 1974. A mesma lei condiciona o funcionamento da empresa de trabalho temporário ao prévio registro no Ministério do Trabalho e Emprego. O registro é feito conforme a Instrução Normativa n. 14, de 17 de novembro de 2009, pela Secretaria de Relações do Trabalho, por meio do Sistema de Registro de Empresas de Trabalho Temporário - SIRETT. Após registrada, a empresa encontra-se em condições de atuar na colocação de pessoal especializado para atender às necessidades transitórias da empresa tomadora dos serviços nos estados onde possuir filial, agência ou escritório. As instruções para prorrogação de contrato de trabalho temporário, para celebração deste por período superior a 3 meses e para o fornecimento de dados relacionados ao estudo de mercado estão previstas na Portaria n. 550, de 12 de março de 2010.

Nos casos em que o profissional de recepção de eventos é contratado para período indeterminado (longa duração), deve-se observar as normas da Consolidação da Leis do Trabalho (CLT).

CONTRATO DE TRABALHO

É aconselhável que o profissional de recepção em eventos, ao ser selecionado para prestar serviço em um evento de curta ou longa duração, firme um contrato de trabalho que contenha tudo o que for acordado pelas partes envolvidas.

O profissional de recepção em eventos geralmente é contratado para atuar na fase do transevento, isto é, somente durante a realização do evento. Nesse caso, o profissional recebe todas as orientações e treinamento ao assinar o contrato ou um dia antes do início do evento.

Os contratos de prestação de serviços geralmente apresentam o seguintes itens:

- Indicação e descrição do contratado e do contratante.
- Objeto do contrato (pode abranger desde a montagem do evento, realização, desmontagem ou somente um dia do evento).
- Direitos e deveres do contratado e do contratante.
- Indicação do valor do contrato e formas de pagamento.
- Prazo para a execução do serviço.
- Multa para o contratante e/ou contratado que deixar de cumprir qualquer cláusula contratual.

- Vigência e formas de rescisão.
- Identificação da metodologia do trabalho.
- Local, data, assinatura e testemunhas.
- Considerações gerais, ou seja, soluções para os casos não previstos no contrato.

Cabe lembrar ao profissional de recepção em eventos que ele deve trabalhar sempre mediante a assinatura de um contrato, ou de uma carta acordo ou qualquer outro tipo de documento. É desaconselhável prestar serviços mediante acertos verbais.

Importante lembrar de verificar no contrato se existe algum seguro para acidentes pessoais. Em caso negativo, faça uma apólice de seguro para acidentes por tempo determinado, isto é, cobertura durante o período de trabalho que irá realizar. Isso dará ao profissional de recepção em eventos maior tranquilidade e segurança no trabalho.

TREINAMENTO

Muitas empresas que prestam serviços de recepção em eventos, para minimizar custos, dispensam a realização de treinamento dos seus contratados. Isso pode trazer problemas futuros, porque cada tipo de evento será uma situação diferente, isto é, o promotor e o organizador de eventos possuem características distintas, necessidades diferentes, o que significa a singularidade dos eventos.

Para resguardar a atuação do profissional de recepção em eventos, o treinamento e/ou visita de reconhecimento do local são primordiais para o desempenho das suas atividades.

A visita de reconhecimento, que deve fazer parte do treinamento, é quando o profissional de recepção em eventos conhece o local onde todos os serviços estão localizados.

ÉTICA

O termo *ética* deriva do grego *ethos*, que segundo Houaiss (2001), significa "caráter pessoal, padrão relativamente constante de disposições morais, afetivas, comportamentais e intelectuais de um indivíduo". Portanto, partindo dessa premissa, o referido autor conceitua ética como a

[...] parte da filosofia responsável pela investigação dos princípios que motivam, distorcem, disciplinam ou orientam o comportamento humano, refletindo especialmente a respeito da essência das normas, valores, prescrições e exortações presentes em qualquer realidade social.

A ética serve para que haja equilíbrio e bom funcionamento social, possibilitando que ninguém seja prejudicado. Neste sentido, a ética, embora não possa ser confundida com as leis, está relacionada com o sentimento de justiça social.

A ética é construída por uma sociedade com base nos valores históricos e culturais. Do ponto de vista da filosofia, é uma ciência que estuda os valores e princípios morais de uma sociedade e seus grupos.

Cada sociedade e cada grupo possuem seus próprios códigos de ética, por exemplo, num país, sacrificar animais para pesquisa científica pode ser ético, em outros países essa atitude é antiética.

Além dos princípios que norteiam o bom funcionamento social, existe também a ética de determinados grupos e/ou locais específicos, tais como:

- Ética médica.
- Ética de trabalho.
- Ética empresarial.
- Ética educacional.
- Ética nos esportes.
- Ética jornalística.
- Outras.

A vida profissional é permeada por atitudes e comportamentos que se denominam postura ética, que pode ser demonstrada ao:

- Respeitar as pessoas; nosso limite termina onde começa o do outro.
- Cumprir o que foi estabelecido no contrato, para que o contratante cumpra a sua parte.
- Não iniciar nenhuma atividade sem ter estabelecido os limites de responsabilidade de cada um.
- Não praticar e nem permitir a prática de atos que sejam contra os seus princípios morais.
- Não praticar e nem permitir a prática de atos que possam prejudicar as ações e interesses de outros profissionais.

- Zelar pelo bem público, que é dever de todo cidadão, como também zelar pelo patrimônio da empresa.
- Não cometer e nem colaborar com injustiças que sejam praticadas contra colegas.
- Respeitar o mercado, os clientes, os concorrentes e a si próprio.
- Atuar profissionalmente com lealdade, dedicação e honestidade para com seus empregadores, chefes e colegas de trabalho.
- Atuar sempre de acordo com a legislação que rege o exercício profissional, buscar cumpri-la sempre.
- Estar sempre atualizado e buscar o aperfeiçoamento profissional.

A PROFISSÃO DE RECEPCIONISTA

Antes de tratar do cargo de recepcionista de eventos, vale lembrar que a profissão do recepcionista em geral está cadastrada no CBO sob o n. 4221-05[2] e apresenta as seguintes funções relativas ao cargo:

- Recepcionar e prestar serviços de apoio a clientes, pacientes, hóspedes, visitantes e passageiros.
- Prestar atendimento telefônico e fornecer informações em escritórios, consultórios, hotéis, hospitais, bancos, aeroportos e outros estabelecimentos.
- Marcar entrevistas ou consultas e receber clientes ou visitantes; averiguar suas necessidades e indicar o lugar ou a pessoa procurados.
- Agendar serviços, reservar (hotéis e passagens) e indicar acomodações em hotéis e estabelecimentos similares.
- Observar normas internas de segurança, conferir documentos e idoneidade dos clientes e notificar seguranças sobre presenças estranhas.
- Fechar contas e estadas de clientes.
- Organizar informações e planejar o trabalho do cotidiano.

Cabe ressaltar que cada uma dessas funções engloba uma série de atividades que devem ser realizadas para que o cargo de recepcionista seja desempe-

---

2 Disponível em: http://www3.mte.gov.br/trab_temp/default.asp. Acessado em: 05 nov. 2012.

nhado com qualidade. Essas atividades não serão aqui descritas, porque o tema em questão é o cargo de recepcionista em eventos, que ainda não possui registro no CBO, mas é um cargo profissional que está em ascensão e, portanto, merece maior atenção das autoridades competentes e também do mercado de eventos.

PERFIL DO PROFISSIONAL DE RECEPÇÃO EM EVENTOS

Um profissional de recepção em eventos, para atuar, deve apresentar algumas características pessoais que atendam às necessidades da sua função.

No item sobre saúde e princípios para a saúde, pode-se observar que estes são responsáveis por originar algumas das características pessoais.

As características pessoais necessárias a um profissional de recepção em eventos são:

- Educação.
- Disciplina.
- Flexibilidade.
- Segurança.
- Inteligência e percepção.
- Paciência.
- Boa saúde e preparo físico.
- Amabilidade.
- Ser prestativo.
- Ser sociável.
- Ser comunicativo.
- Ter conhecimentos gerais.
- Desinibição.
- Simpatia.
- Criatividade.
- Outras.

6

A ATIVIDADE DO PROFISSIONAL DE RECEPÇÃO EM EVENTOS POR SETOR DE ATUAÇÃO

O serviço de recepção, dependendo do porte e da complexidade do evento, pode ser efetuado em vários postos, conforme apresenta-se a seguir.

NO AEROPORTO

O serviço de recepção neste setor deverá abarcar as seguintes atividades:

- Receber participantes e convidados.
- Auxiliar no desembaraço de bagagens.
- Resolver problemas de extravio de bagagens.
- Indicar e encaminhar os convidados e participantes aos meio de transporte que os levará ao hotel.
- Auxiliar na coordenação do serviço de transporte.
- Estar apto a dar qualquer informação e resolver qualquer imprevisto.

Para o bom desempenho das funções, o profissional de recepção terá que:

- Ter a listagem das pessoas esperadas.
- Ter planilhas dos voos aguardados.
- Estar uniformizado e identificado por crachá com seu nome e nome do evento.

A ARTE DE RECEBER EM EVENTOS

- Portar placa de identificação com o nome dos esperados.
- Ter telefone celular ou rádio comunicador, dinheiro, cheque ou cartão para solucionar algum imprevisto.
- Ter a relação dos hotéis onde se hospedarão os participantes e convidados esperados, com endereços, telefones e contatos.
- Falar fluentemente o idioma das pessoas esperadas e estar identificado pelo idioma que fala (bandeirinhas).
- Dominar informações sobre a programação do evento (folhetos), informações úteis e de emergência (telefones de hotéis alternativos, pronto-socorro, polícia, bombeiro, endereços de restaurantes ou lanchonetes próximas, farmácias e outros).
- Ter mapa da cidade e informações turísticas.
- Ter relação com os nomes e telefones dos organizadores do evento e do local onde acontecerá o evento.

NO HOTEL

As atribuições do profissional de recepção de eventos neste posto de trabalho são:

- Recepcionar os hóspedes do evento.
- Alojar os hóspedes de acordo com o *rooming-list*.
- Providenciar o envio das bagagens para os apartamentos.
- Resolver imprevistos como: extravio de bagagens e troca de apartamentos.
- Auxiliar os convidados e participantes durante sua estada, fazendo ligação com o local do evento, aeroporto e outros.
- Auxiliar os convidados e participantes com a programação social e o transporte.
- Informar aos convidados e participantes do evento os horários do evento e dos traslados, chamando-os 5 minutos antes das partidas.
- Manter atualizado o quadro informativo com as atividades e os horários dos eventos.

O desenvolvimento dessas atividades implica:

- Ter um posto de recepção com mesa e/ou balcão no *hall* de entrada do hotel com identificação do evento.
- Ter o *rooming-list* de todos os hotéis que estão sendo utilizados, bem como seus endereços, telefones e contatos.
- Estar identificado com o uniforme, crachá do evento e idioma que domina quando for o caso.
- Ter material do evento (folhetos, programas e outros) e dominar as informações pertinentes a aeroporto, atividades sociais, traslados e outras.
- Estar apto a informar sobre programação noturna da cidade, pontos turísticos, endereços, horários e telefones úteis.

NO LOCAL DO EVENTO

No local do evento, o serviço de recepção pode ser desenvolvido em vários setores diferentes, conforme apresenta-se a seguir.

Posto de atendimento

Situado à entrada do local do evento, sua principal função é indicar acessos, conduzir pessoas, dar informações sobre o evento e serviços que o local oferece. Para tanto, é necessário:

- Conhecer o local do evento (salas, banheiros, bares, restaurantes, secretarias, pronto-socorro e outros).
- Ter o mapa do local.
- Ter a relação com os nomes dos convidados e autoridades, organizadores e promotores do evento.
- Ter a programação e os demais informes sobre o evento.
- Ter a relação de telefones úteis, como: táxi, pronto-socorro, farmácia e outros.

Secretaria

É o ponto nevrálgico do evento, para o qual convergem todos os participantes, convidados, expositores, organizadores e promotores, buscando informações sobre inscrições, credenciamento, materiais diversos e outras. Basicamente, o serviço de secretaria de um evento pode ser divido em:

- **Inscrições antecipadas** – é o atendimento aos participantes que realizaram suas inscrições antecipadamente. O profissional de recepção, nessa situação, deverá checar na relação de inscritos o nome da pessoa, efetuar a entrega de crachá e do material do participante e dar baixa de chegada.
- **Novas inscrições** – atende àqueles que deixaram para se inscrever no local do evento. O procedimento deverá ser o seguinte: preenchimento de ficha de inscrição e orientação quanto ao pagamento. Após o pagamento da inscrição, incluir o nome do participante na relação de inscritos e entregar o crachá e o material do participante.
- **Geral** – é o elemento de suporte às atividades anteriores. O profissional de recepção que atua nessa função efetua o controle e o manuseio da relação de inscritos (em papel ou em meio digital), realiza distribuição e controle de materiais diversos, digita crachás e certificados de participação, atende a organização e os convidados quando necessário, como também presta informações gerais sobre o evento. Cabe ainda e esse profissional, quando o evento não possui um posto de informações turísticas, dar informações sobre a cidade, transportes, restaurantes, pontos turísticos e outros.

O bom andamento das funções da secretaria de um evento está ligado ao fato de todos os profissionais envolvidos estarem aptos a desenvolver qualquer uma das etapas do trabalho, conforme descrito acima.

Os materiais necessários para o funcionamento da secretaria são:

- Abecedário – para identificar onde cada participante deve se dirigir para retirar crachá e material do participante.
- Alfinetes e tachinhas.
- Carimbo e almofadas de carimbo.

- Borrachas.
- Barbante e fio de náilon.
- Crachás em branco.
- Caixa de primeiros socorros e de costura.
- Corretivo líquido.
- Canetas esferográficas.
- Cartões de visita da empresa organizadora e dos promotores do evento.
- Cartolina e papel cartão em várias cores.
- Chave de fenda.
- Durex, fita crepe e fita dupla-face.
- Envelopes de diversos tamanhos (branco e pardo).
- Elástico.
- Etiquetas adesivas em vários tamanhos.
- Clipes.
- Grampeador e grampos.
- Cola.
- Guia turístico da cidade.
- Lápis.
- Martelo.
- Material de divulgação do evento.
- Material gráfico do evento (papel timbrado, envelope, ficha de inscrição, certificados e outros).
- Material do participante (pasta, brindes, crachás, anais, certificados, sacola ecológica e outros).
- Material promocional da cidade-sede do evento (folheto com pontos turísticos, mapas, programação cultural e outros).
- Papel sulfite.
- Pasta com os principais documentos do evento (contratos, regimentos, regulamentos, legislações e outros).
- Placas indicativas e informativas do evento.
- Porta-crachá.
- Relação de telefones importantes (empresas contratadas; hotéis onde estão hospedados os convidados, as autoridades e os palestrantes; transportadores responsáveis pelos traslados e outros).
- Relação de telefones úteis (polícia, bombeiro, táxi, hospital, farmácia, pronto-socorro, oficina mecânica e outros).

- Relação com telefones e ramais do local do evento com os nomes dos responsáveis pelos diversos setores.
- Réguas.
- Tesouras e estiletes.
- Outros.

Sala *vip*

É o local onde o promotor e o organizador do evento recepciona autoridades, convidados especiais e conferencistas. Esta sala deve ter características como:

- estar próxima aos espaços onde o evento irá acontecer;
- ter decoração agradável;
- possuir mobiliário que ofereça conforto, temperatura amena e ter serviço de copa (principalmente de água e café); e
- possuir telefone com comunicação interna e externa.

O profissional incumbido desse espaço deverá cuidar para que as pessoas ali recebidas sejam atendidas em suas necessidades, como serviços de cópias, anotações de recados e outros.

Sala de imprensa

É o espaço reservado para a assessoria de imprensa do evento receber os jornalistas dos veículos de comunicação, entregar a pauta do dia do evento ou o *kit* imprensa com todas as informações do evento e agendar entrevistas. As atividades do assessor de imprensa geralmente são desempenhadas com o auxílio de um recepcionista.

A sala de imprensa, em alguns eventos, pode ser um espaço reservado e equipado para receber jornalistas de todos os veículos de comunicação que vierem fazer a cobertura do evento. Esse tipo de sala geralmente é equipado com:

- Mesas, cadeiras, sofás, poltronas para entrevistas coletivas.
- Computadores.

- Linhas telefônicas diretas.
- Material administrativo (laudas, sulfite, blocos de anotação, canetas, lápis e outros).
- *Press-kit* (coletânea de *press-releases* sobre o evento, fotos, programas, folhetos, índices, gráficos, relação de autoridades, conferencistas, palestrantes e outros).
- Serviço de água e café.

Além de auxiliar o assessor de imprensa, o profissional de recepção dessa sala também deverá proceder ao credenciamento de toda a imprensa, dar-lhes informações básicas quanto a horários, nome de pessoas e coordenar o uso da infraestrutura disponível.

Sala de comissões técnicas

A existência deste tipo de espaço dependerá do porte e da dinâmica do evento. Geralmente, esse tipo de sala é usado para discussões, deliberações, votação e aprovação de determinados temas e aspectos referentes ao evento. A comissão técnica normalmente é constituída por um presidente, um secretário e um relator.

O local deve oferecer condições adequadas ao trabalho, como mesas, cadeiras, ar condicionado, telefone, estar próxima ao local do evento sem interferir no seu andamento.

O trabalho do profissional de recepção será de acompanhar e auxiliar apenas quando for solicitado.

Sessões solenes e auditórios

Nestes espaços, a atividade e presença do profissional de recepção são fundamentais para o bom andamento do evento.

Nas sessões solenes ou de abertura e encerramento, caberá ao profissional de recepção:

- Auxiliar o mestre de cerimônia na montagem da mesa diretiva.
- Colocar placas de identificação de acordo com os lugares estabelecidos para cada componente da mesa.

60 A ARTE DE RECEBER EM EVENTOS

- Acompanhar os convidados aos seus lugares, puxando as cadeiras para que eles se acomodem.
- Estar atento aos pedidos da mesa diretiva.
- Verificar serviço de água para a mesa diretiva.
- Outros.

Nas solenidades, é comum haver dois profissionais de recepção atrás da mesa diretiva, um do lado onde se posiciona o *pódium* (tribuna), no qual fica o mestre de cerimônia, e outro no lado oposto, para evitar que o profissional, quando solicitado, tenha que atravessar toda a extensão do palco, distraindo a atenção dos participantes que estão na plateia.

Na plateia, geralmente ficam outros profissionais para receber os participantes, cumprimentando-os e dando-lhes as boas vindas, bem como indicando os lugares vagos.

No auditório, o profissional de recepção ficará na porta de entrada para receber os participantes, solicitar apresentação do crachá de identificação e registrar a presença por meio de equipamento de leitura ótica, orientar o acesso à sala para evitar aglomerações e barulho à porta.

Iniciados os trabalhos na plenária, os profissionais de recepção que irão atender à mesa diretiva deverão ficar atentos aos componentes da mesa para atenderem aos chamados, encaminhar e transmitir recados, manter o serviço de água, verificar microfones, auxiliar no uso de equipamentos audiovisuais e outros.

Ao final da exposição, se for aberta para participação do público, os profissionais de recepção deverão estar posicionados na plateia e atentos para recolher as perguntas e encaminhar à mesa. Caso seja aberta a participação direta, os profissionais de recepção deverão coordenar o uso do microfone ou então fazer com que ele chegue até o participante.

Ao término de cada atividade no auditório, deve-se realizar as seguintes atividades:

- Troca de placas de identificação dos componentes da mesa de acordo com programa, mas antes deve-se verificar se não houve alteração no programa.
- Troca de copos e água.
- Verificação dos equipamentos de audiovisual que serão utilizados e solicitação da montagem.

- Troca de cartazete informativo de atividade da entrada do auditório.

Os problemas referentes a iluminação, equipamentos de sonorização e audiovisuais, serviço de água, limpeza e outros que forem observados pelo profissional de recepção do auditório devem ser comunicados imediatamente ao responsável pela área ou seu superior imediato.

Tradução simultânea

No caso de eventos internacionais que possuem convidados e/ou participantes de outros países, torna-se necessário o uso de tradução simultânea para os idiomas que forem estabelecidos como oficiais do evento. Dessa forma, para cada idioma a ser traduzido, deverá ser instalada uma cabine de tradução para dois tradutores e intérpretes, que irão trabalhar em sistema rotativo. As cabines serão identificadas na porta com a bandeira do país correspondente.

A transmissão das palestras e conferências traduzidas será feita por meio de um canal transmissor, pelo qual o participante, por meio de um aparelho receptor e também fones de ouvidos, receberá a mensagem.

Cabe à organização e à empresa contratada orientar a distribuição dos aparelhos e fones de ouvidos para cada participante, de acordo com o idioma solicitado.

Para a retirada do aparelho e dos fones de ouvidos, o participante deverá entregar ao profissional de recepção um documento que ficará arquivado. Ao término da utilização dos equipamentos, o participante deverá devolvê-los e receber de volta o documento que entregou na retirada.

NA PROGRAMAÇÃO SOCIAL

A programação social de um evento deverá ser sempre planejada e divulgada antecipadamente. Ao profissional de eventos destinado para essa atividade caberá:

- Receber os participantes com amabilidade e indicar a eles a acomodação.
- Tratar os participantes com educação e cortesia.

- Conhecer a programação social direcionada somente para acompanhantes ou comum a todos.
- Conhecer o local onde ocorrerá a programação.
- Conhecer o trajeto do ônibus.
- Estar familiarizado com os equipamentos do ônibus.
- Informar aos participantes os horários e ponto de encontro para o retorno.
- Coordenar os horários de saída/chegada do programa.
- Entregar aos participantes o número de identificação do ônibus.
- Lembrar aos participantes que não deixem objetos pessoais no ônibus.
- No caso de acompanhamento a locais de compras, indicar o melhor, sendo sempre neutro.
- Em programações noturnas, ser amável, cordial, sem permitir intimidades e evitar envolvimentos com o participante.
- Conhecer restaurantes e lanchonetes próximos para indicação.

NO TRANSPORTE

Um evento de grande porte exige uma estrutura de transporte com inúmeros ônibus à disposição dos participantes. Para cada ônibus, deverá ser designado um profissional de recepção, que ficará responsável por coordenar essa atividade.

Para que possa desenvolver suas funções, ele e a coordenação geral deverão utilizar intercomunicadores, como *walkie-talkie*, rádio, telefones celulares e outros, para se comunicar em qualquer circunstância.

São atribuições do profissional de recepção no transporte:

- Identificar os participantes por meio do crachá.
- Ter telefone e nome do contato da empresa transportadora.
- Divulgar nos quadros de avisos os horários programados para traslados aos locais.
- Ter conhecimentos de primeiros socorros.
- Ter facilidade para providenciar veículos fora do esquema programado.
- Ter kit de primeiros socorros e relação de telefones úteis.

FEIRAS

Diferentemente dos eventos técnicos e científicos, o trabalho em feiras exige menos do profissional de recepção, apesar de oferecer melhor remuneração.

Ainda existe no mercado uma grande contradição na forma como o profissional de recepção é visto e contratado, isto é, muitas vezes a contratação não ocorre pelas suas qualificações, mas sim pelas suas características físicas e aparência visual.

Em feiras, pode-se encontrar duas formas de atuação do profissional de recepção, que são:

- **Recepção da feira** – prestar atendimento aos visitantes e expositores; fazer credenciamento; distribuir crachás e programas; informar sobre serviços do local (telefones públicos, sanitários, pronto-socorro, restaurantes, praça de alimentação e outros) e sobre a localização dos estandes.
  Os materiais necessários para desempenhar essa função são:
  - Crachás.
  - Microcomputador.
  - Folhetos, programa, mapas do local com a distribuição dos estandes.
  - Relação de telefones úteis.
  - Relação de expositores com nomes dos responsáveis.
  - Cartões dos organizadores, promotores e montadoras do evento.

- **Recepção em estandes** – o profissional de recepção é contratado pelo expositor e terá como função básica atrair o público visitante para o estande e expor-lhe as características e vantagens do(s) produto(s) apresentado(s). Em algumas situações, cabe ao profissional de recepção coordenar o serviço de copa com aperitivos, canapés e salgados, com o apoio de garçons e copeiras.
  Os materiais necessários para o desempenho desse trabalho são:
  - Material de escritório.
  - Material de divulgação e informação do(s) produto(s) e da empresa.
  - Relação com nomes e telefones dos executivos responsáveis pelo estande e por decisões de vendas.

O profissional de recepção de estande pode também ser designado ao papel de anfitrião da empresa. Nesse caso, sua função será apenas receber e encaminhar os visitantes aos representantes da empresa para atendimento. Para essa situação, o profissional de recepção geralmente precisa ter como pré--requisito básico: boa aparência, elegância e simpatia.

7

A IMAGEM PROFISSIONAL

A primeira impressão é sempre a que fica, assim, é comum o ser humano julgar pela aparência; e a aparência do profissional de recepção em eventos reflete a imagem do evento em que está atuando, portanto, deve ser irrepreensível.

A imagem do profissional de recepção em eventos não deve estar ligada somente a uma boa aparência, mas também a outros atributos, que, segundo Fernanda Miranda[1], são responsáveis pela imagem pessoal no mercado de trabalho atual. Esses atributos são:

- **Autoconhecimento** – o indivíduo que se conhece tem a possibilidade de fazer opções mais corretas (até mesmo na hora de se vestir) e preservar sua autenticidade. O autoconhecimento requer paciência, disciplina, perseverança, uma elevada autoestima, determinação, um conjunto de crenças e valores que irão nortear as atitudes e comportamentos de forma a fazer o uso correto das habilidades inatas e das habilidades a serem criadas e aperfeiçoadas. Portanto, o profissional deve ser flexível às mudanças e criar uma imagem positiva de si mesmo.
- **Bom relacionamento interpessoal** – o homem já não pode trabalhar sozinho. Onde há mais de uma pessoa, há um relacionamento e, com cer-

---

1 Disponível em: http://www.vivaitabira.com.br/viva-colunas/index.php?/Idcoluna=80. Acessado em: 07 out. 2012.

teza, conflitos existirão, sejam de gostos, costumes, crenças, educação, dentre outros. A atenção personalizada a quem quer que seja nunca é um investimento sem retorno. Sentimentos positivos e de simpatia provocarão o aumento da interação, favorecendo a produtividade.

- **Qualificação** – é preciso aprimorar não só uma vez mas continuamente. Produtos são planejados, fabricados, testados, comercializados e muitas vezes recolhidos do mercado para correções. Assim deve ser todo profissional: viver em constante renovação, num movimento cíclico.
- **Ética** – nesse processo, deve ser feita uma análise principalmente sob o ponto de vista ético que envolve a imagem pessoal, o limite entre a divulgação das reais competências e das características irreais atribuídas.
- **Coragem** – o medo de errar e não corresponder às próprias expectativas e às expectativas dos outros poda a possibilidade de transformar sonhos em realidades.

A combinação desses atributos com uma boa aparência é essencial ao profissional de recepção em eventos. A seguir, apresentam-se algumas regras de higiene pessoal e postura que podem orientar o dia a dia da rotina do profissional de recepção em eventos.

HIGIENE PESSOAL

Os cuidados com a higiene pessoal para um profissional de recepção de eventos são imprescindíveis tanto para a saúde do seu corpo quanto para a sua imagem pessoal.

Cabelos

Os cabelos, tanto femininos como masculinos, merecem atenção especial, conforme apresenta-se a seguir.

Cabelos femininos

- Devem ter um bom corte, que combine com o tipo do cabelo e também com o rosto. Cabe salientar que quem trabalha como recepcionista deve evitar cortes arrojados do tipo moicano e outros de tamanhos assimétricos.

- Devem estar sempre limpos, bem penteados e não podem comprometer a movimentação durante o evento.
- Para cabelos tingidos, a tintura deverá estar retocada para evitar exposição das raízes do cabelo, o que demonstra sinal de desleixo.
- Ainda para cabelos tingidos, é aconselhável o uso de tintas de cores discretas, como também evitar cabelos de várias cores.
- Para cabelos compridos, a fim de evitar que eles caiam no rosto, é aconselhável que sejam presos com fivela que combine com o uniforme ou então com elástico de cor escura ou neutra.
- Arrumar os cabelos e/ou penteá-los enquanto atende ao público deve ser a última preocupação. Portanto, mantenha-os em ordem.

Cabelos masculinos

- Devem estar limpos, cortados e penteados de forma elegante.
- Deve-se evitar cortes arrojados do tipo moicano, de tamanhos assimétricos ou qualquer outro tipo de corte que fuja dos padrões tradicionais.
- Para cabelos compridos, é aconselhável o uso de rabo de cavalo e o uso de elástico de cor escura ou neutra.
- Ainda para cabelos compridos, deve-se evitar o uso de tiaras e/ou bandanas, como também qualquer outro tipo de acessório para prendê-los.

As normas apresentadas acima são as praticadas geralmente para o profissional de recepção, mas cabe ressaltar que poderão variar de acordo com o tipo do evento.

É aconselhável ao profissional de recepção de eventos seguir as normas e orientações estabelecidas pela organização e/ou coordenação do evento no que se refere aos cabelos.

Barba

- Manter diariamente a barba bem feita.
- Para quem usa barba, mantê-la sempre aparada.

- O melhor momento para fazer a barba é durante o banho. A água quente e o vapor facilitam o barbear e evitam a inflamação dos poros, que ficam mais abertos, e os pelos ficam mais macios.
- Utilizar creme ou gel de barbear que contenham em sua composição elementos anti-inflamatórios, antissépticos e refrescantes. Esses produtos devem ser utilizados de acordo com o tipo de pele: o creme é mais adequado às peles secas e o gel às peles oleosas.
- Trocar as lâminas do barbeador a cada quatro ou cinco barbeações, principalmente para aqueles que possuem barba mais grossa.
- Após o barbear, o rosto deve ser enxaguado com água fria para fechar os poros. Usar loções pós-barba sem muito álcool, elas evitam a irritação e o ressecamento da pele.

Nariz

- Para higienizar: umedecer as narinas com água e soro nasal. Depois, assoe em um lenço o excesso de líquido.
- Limpar sempre que sentir que há a formação de secreções na região.
- Em casos de baixa umidade relativa do ar, utilizar soro nasal.

Orelhas

- Usar para limpeza: toalha e hastes flexíveis. Fazer a limpeza com uma toalha após o banho.

Dentes

- Devem estar sempre limpos, bem tratados para purificar o hálito.
- Escovar os dentes pelo menos quatro vezes ao dia (após o café da manhã, almoço, jantar e antes de dormir).
- Usar fio dental pelo menos em três escovações (almoço, jantar e antes de dormir). A escovação de antes de dormir é a mais importante, porque é o tempo maior que nossa boca fica inativa, tornando um hábitat propício para criar bactérias, que darão origens a infecções bucais e cáries.

- Evitar o uso de palitos de dente, pois eles podem causar infecções na gengiva quando mal utilizados.
- Evitar usar palitos e/ou fio dental à mesa (em público).

Mãos

A aparência das mãos de quem trabalha com público é de extrema importância.

- Para higienizar as mãos deve-se usar água, sabonete e gel antisséptico.
- Como higienizar: molhe as mãos e os punhos com água. Depois, passe sabonete e esfregue cada palma sobre o dorso da outra mão, entre os dedos e, por fim, as palmas. Em seguida, deixe as mãos ensaboadas durante alguns segundos e as enxágue em água corrente.
- Quando higienizar: sempre que for ao banheiro, assoar o nariz, espirrar, tossir, manipular alimentos e lixo, tratar de pessoas enfermas, trocar fraldas, ter contato com animais, depois de visitar locais públicos, antes de qualquer refeição e para manusear lentes de contato.
- Usar cremes hidratantes para mantê-las macias; evite cremes oleosos, pois eles retêm as impurezas.
- Manter os dedos de preferência sem anéis. No caso de uso de alguma joia ou bijuteria, deve-se seguir o bom senso e discrição.

Esses pequenos cuidados com as mãos as manterão limpas, macias e os seus respectivos donos livres de doenças respiratórias e gastrointestinais, além de evitar a transmissão de germes resistentes aos antibióticos.

Unhas

Como as unhas são partes integrantes das mãos, elas recebem os mesmos cuidados em termos de higienização, mas com toque especial somente para elas.

- Para higienizar: usar água, sabonete e lixa de unha.
- Quando higienizar: todos os dias.
- Como higienizar: o ideal é manter as unhas sempre curtas e lixá-las a

cada 3 dias. Para quem usa unhas compridas, as mãos devem ser lavadas com maior frequência e sempre antes de preparar alimentos.

- Manter as cutículas aparadas.
- Usar esmalte incolor ou claro evita a aparência "descascada" que os esmaltes escuros facilmente deixam.

Com esses cuidados você ficará livre de verminoses e doenças intestinais, micoses das unhas e qualquer outro tipo de infecção.

Pés

O pés merecem toda a atenção e cuidados especiais, porque são eles que conduzirão e manterão em pé, quase sempre por muitas horas, o profissional de recepção.

- Para higienizar: usar água, sabonete, hidratante e talcos antimicóticos ou antissépticos.
- Quando higienizar: todos os dias.
- Como higienizar: lavar com água e sabonete e secá-los bem logo após a lavagem. Usar hidratantes — principalmente os que contêm ureia — para a limpeza e refinamento da pele. Usar buchas, escovas ou esponjas que devem ser completamente enxaguadas e secas logo após o uso e trocadas periodicamente, no máximo a cada mês.

Isso o manterá livre de micoses, bromidrose[2] e também do aparecimento de fungos e bactérias.

POSTURA

Postura, segundo Houaiss (2001: 2273), significa:

posição espacial do corpo ou de uma de suas partes (cabeça, ombro); maneira de manter o corpo, ou compor os traços fisionômicos; atitude (boa, má);

---

2 Bromidrose é o nome que se dá ao chulé ou ao odor característico de suor nas axilas. É causado pela fermentação das substâncias presentes no suor. Disponível em: http://tuasaude.com/bromidrose-como-tratar/. Acessado em: 30 out. 2012.

maneira, elegância no andar e se comportar; porte; modo de pensar, de proceder; ponto de vista; opinião, posicionamento; maquiagem ou quaisquer outros artifícios de embelezamento.

Considerando a definição acima, pode-se afirmar que praticamente ela irá nortear o comportamento e atitudes do profissional de recepção em eventos.

A seguir, apresentam-se algumas recomendações sobre postura que podem ajudar no dia a dia do profissional de recepção em eventos.

Pontualidade

Pontualidade significa cumprimento de horário e de compromisso, portanto essa qualidade é essencial para um profissional de recepção em eventos. Não cumprir horário, isto é, se atrasar, demonstra:

- Falta de profissionalismo.
- Falta de respeito em relação aos outros profissionais da equipe.
- Falta de educação.
- Falta de administrar o seu tempo adequadamente.

Imagem pessoal

■ Uniforme

O uniforme utilizado nos diferentes eventos se presta à identificação do grupo de trabalho e à unidade visual do evento. Use-o de acordo com as normas estabelecidas pela organização do evento, se for necessário lavá-lo, cuide para não manchar ou danificar, particularmente com a temperatura do ferro elétrico. Mantenha seu uniforme sempre impecável.

Para evitar transtornos aos organizadores de eventos, o profissional de recepção, ao ser contratado para um trabalho, deve informar corretamente sua altura, peso, manequim e também número de sapato que usa.

Essas informações são importantes, porque o uniforme não deve ser apertado, curto e nem desconfortável, e sim propiciar sensação agradável de uso. É aconselhável provar o uniforme antes do evento para evitar surpresas desagradáveis e contratempo profissional.

Maquiagem

No ambiente de trabalho a maquiagem é indispensável; no caso do recepcionista de eventos, ela é necessária. Uma recepcionista deve possuir conhecimentos básicos de maquiagem, porque cada tipo de evento requer um tipo de maquiagem. Para tanto, deve-se observar o tipo de evento, o clima, o horário, bem como o formato do rosto e o tipo de pele. O quadro a seguir apresenta algumas dicas sobre maquiagem.

QUADRO 7.1 – DICAS DE MAQUIAGEM

Batom	Seu uso é para realçar o rosto. Deve ser retocado sempre que necessário. Nunca retocar em público.
Blush	Usar para dar cor e vida ao rosto. Não deve ser usado em excesso. Não deve ser retocado para evitar um ar pesado ao rosto, dando impressão de cansaço.
Olhos	Usar sombras para destacar os olhos. Usar rímel, pois alongam os cílios e dão destaque para os olhos. Usar lápis, pois realçam e destacam os olhos.
Pó facial	Usar para retocar a maquiagem. Usar para acabamento e/ou correção.
Base	Usar tom que harmonize com a tonalidade da pele. Usar como corretivo e disfarce de algumas marcas indesejáveis (cicatriz, mancha e outros).

A recepcionista de eventos deve ficar atenta à maquiagem tanto dos olhos quanto do rosto, para identificar quando ela necessita de retoque a fim de mantê-la sempre impecável.

Bijuterias/acessórios

Para trabalhar, use joias, bijuterias e/ou acessórios pequenos, delicados, sempre combinando com o uniforme.

As extravagâncias de tamanho, formato e cor devem ser evitadas, porque interferem no processo de comunicação e podem atrapalhar os movimentos durante o desempenho das funções do profissional de recepção em eventos.

Acessórios como echarpes, lenços, cintos e outros, geralmente dão um certo realce à roupa, portanto devem combinar com o restante do traje em cores e estilo. Contudo, quando fazem parte do uniforme, seu uso deve ser adotado segundo as instruções do organizador de eventos.

O uso de joias, bijuterias e/ou acessórios discretos mostra bom gosto e elegância por parte do profissional.

Perfumes

O uso de perfumes deve ser feito com muita atenção e moderação, porque o profissional de recepção está em contato constante com o público, que poderá ter pessoas alérgicas a perfume.

O mais recomendável em qualquer situação é o uso de perfume ou colônia de fragrância suave.

No ambiente de trabalho, essa regra é muito importante; o perfume deve provocar uma sensação de bem-estar, nunca tornar o ambiente insuportável. O prudente é usar perfume em pequenas quantidades, algumas gotinhas bastam e são suficiente para deixar uma sensação de frescor e cheiro agradável.

Sapatos

- Manter os calçados sempre limpos e secos, guardados em local bem ventilado e livre de umidade.
- Os sapatos sempre devem combinar com o uniforme.
- A cor dos sapatos normalmente é definida pela própria organização do evento.
- Procurar utilizar sempre sapatos já usados (amaciados), de saltos de alturas confortáveis.
- Dar preferência por sapato de qualidade e confortável.
  Não existe nada pior que sapato apertado quando sua função básica é estar em pé ou caminhando.

Cabe lembrar aqui que não foi citado o item bolsa, porque esse tipo de acessório raramente é utilizado pelo profissional de recepção de eventos no desempenho das suas funções; contudo, em casos especiais, nos quais seja necessário o seu uso, sugere-se a escolha de bolsas práticas, que estejam na moda e combinem com a ocasião, sapato e vestimenta.

■ Meias

- Evitar usar meias que deixam a pele úmida.
- Em caso de dúvida, usar meia cor da pele.
- Os homens deverão usar sempre meias que combinam com o uniforme. Em alguns eventos, muitas empresas costumam fornecer sapatos e meias como acessórios aos uniformes.

Postura física

É a forma como o corpo ou parte dele se apresenta e também seus movimentos.

■ Em pé (pés/pernas)

- Manter os pés em paralelo e os calcanhares juntos, mas levemente separados, sem se tocarem. Nessa posição não se deve flexionar os joelhos e nem esticar as pernas. Manter a posição anterior para os calcanhares, e flexionar apenas um dos joelhos. Essa posição é menos cansativa para quem vai ficar longos períodos em pé.
- Ficar com as costas eretas, queixo ligeiramente erguido, com o corpo apoiado sobre os pés.
- Evitar apoiar-se em apenas um pé, o que não é elegante e ao mesmo tempo mais cansativo.
- Contrair os músculos abdominais possibilita uma postura mais ereta e elegante.
- Caminhar sempre olhando a linha do horizonte, o que demonstra elegância e segurança.
- Evitar encostar-se pelos cantos.
- Evitar ficar em pé com os joelhos separados.
- Evitar ficar em pé com os pés cruzados.
- Evitar apoiar-se em móveis e paredes, isso demonstra cansaço e postura deselegante.
- Evite ficar de braços cruzados.

Em pé (braços/mãos)

- Movimentar braços e mãos com suavidade e leveza.
- Apoiar os antebraços na parte da frente dos quadris, deixar as mãos separadas. Manter os braços de forma relaxada nas costas, com as mãos unidas na altura dos quadris (essa posição é considerada de descanso e/ou espera).
- Evitar mãos e braços tensos.
- Evitar colocar as mãos na cintura.
- Colocar os braços cruzados na altura da cintura, mantendo os polegares sob os antebraços e os outros quatro dedos deverão ficar à mostra sobre o antebraço.

Em pé ou sentado (cabeça/tronco/pescoço)

- O movimentar da cabeça e o olhar devem estar de acordo com o restante do corpo.
- Manter a cabeça ligeiramente erguida, porque queixo muito alto pode significar arrogância e, muito baixo, submissão, insegurança e inferioridade.
- Evitar ficar com os ombros curvados (caídos), mantê-los sempre na linha dos quadris.
- Manter troncos e nádegas tensionados; isso possibilita uma postura ereta e elegante.
- Manter a planta dos pés sempre fixadas no solo para manter o equilíbrio do corpo.

O ato de sentar e levantar

- Para realizar o ato de sentar-se, a pessoa deve manter os joelhos unidos e flexioná-los. Somente arrumar a vestimenta que estiver usando se for necessário, após estar sentada.
- Para levantar-se de uma poltrona, apoiar as mãos nos braços dela ou no assento e fazer um movimento para erguer o corpo.
- Para levantar-se de uma cadeira, coloque as mãos sobre a coxa e faça o movimento para erguer-se.

Antes de executar o ato de sentar-se ou levantar-se é aconselhável verificar o tipo de cadeira e/ou poltrona que será utilizado, pois caso seja cadeira e/ou poltrona do tipo secretária e/ou presidencial, com rodas nos pés, elas podem deslizar no sentar ou levantar, provocando acidentes. Nesse caso, é aconselhável segurar no assento ou no braço dele ao sentar-se e levantar-se.

■ Como ficar sentado

- A postura aconselhável é sentar no meio da cadeira, com as costas tocando no encosto da cadeira e com os joelhos juntos, sem largar o corpo.
- Evitar sentar no meio da cadeira com a coluna reta e sem tocar as costas no encosto da cadeira, com os joelhos juntos, pois essa posição é bastante cansativa.
- Evitar sentar inclinada para a frente, mantendo a coluna ereta e as mãos apoiadas sobre os joelhos.
- Evitar debruçar sobre móveis, apoiando os cotovelos sobre eles.
- Não cruzar as pernas, mantendo os joelhos acima da altura da mesa, e largar o corpo na cadeira.
- Evitar apoiar os cotovelos sobre a mesa e ficar em posição de relaxamento.
- Evitar dobrar a coluna, mantendo-a ereta.
- Não apoiar os pés em móveis ou paredes.
- Evitar a posição chamada de confortável, que é aquela em que se escorrega as costas no encosto da cadeira.

■ No carro

- Para entrar no carro, deve-se sentar no banco com as pernas unidas do lado de fora do veículo, depois fazer um giro do quadril e pernas, colocando-as para dentro do carro.
- Para sair do carro, deve-se girar o quadril e as pernas, colocando-as para fora do veículo e então levantar-se.

■ No andar

- Andar sempre com os olhos fixos no horizonte; isso demonstra segurança e elegância.
- Evitar andar de pernas abertas.
- Evitar caminhar com passos muitos largos ou muito curtos.
- Caminhar sem balançar demasiadamente os braços.

- Caminhar arrastando os pés fazendo barulho.
- Observar o tipo de piso do local de trabalho para caminhar de forma adequada, sem fazer barulho.

Como apanhar objetos

- Para objetos que estão no chão, deve-se flexionar os joelhos (unidos) e pegar o objeto de lado.
- Nunca pegar objetos no chão com as pernas esticadas e dobrar apenas a cintura.

Portas

Nunca entrar em qualquer ambiente sem bater discretamente (de leve) na porta ou então sem ser anunciado.

Olhar

- Sempre olhar as pessoas nos olhos, de forma profissional.
- O olhar deve transmitir simpatia e hospitalidade.
- Evitar olhar as pessoas começando pelos pés e terminado no rosto, ou vice-versa.
- Evitar olhares cínicos e debochados.

Sorriso

- Receber sempre as pessoas com um sorriso amável.
- Evitar sorrisos irônicos e debochados.
- Evitar gargalhar.
- Evitar sorrisos forçados, artificiais.
  Algumas pesquisas apontam que pessoas sorridentes são mais bem aceitas e avaliadas no mercado de trabalho, porque o sorriso ajuda a mudar o estado de espírito das pessoas.

Cumprimentar (aperto de mão)

- É aconselhável segurar a mão da outra pessoa com naturalidade, sem apertar.
- Nunca aperte a mão da outra pessoa com força.
- Nunca pegar a mão da outra pessoa pela ponta dos dedos, porque isso demonstra antipatia.

- Ao cumprimentar o outro, é aconselhável segurar a mão com naturalidade, olhar nos olhos e não ficar sacudindo o braço.
- Nunca ficar segurando por muito tempo a mão da outra pessoa.
- Manter uma distância de cerca de 50 cm da outra pessoa.

A seguir, apresentam-se algumas dicas de postura e imagem pessoal que não se encaixam em nenhum dos itens anteriores, mas que devem ser observadas pelo profissional de recepção em eventos:

- Nunca demonstrar cansaço.
- Não ficar conversando com os colegas de trabalho sobre assuntos que não sejam referentes ao evento.
- Manter distância suficiente ao se aproximar das pessoas, especialmente para dar recados que não podem ser ouvidos por todos, mas que também não precisam ser dados próximo da orelha do ouvinte.
- Evitar beijos no rosto ao cumprimentar as pessoas, pois nem sempre são bem-vindos.
- Nunca deixe seu posto de trabalho sem um substituto e sem ser autorizado.
- Usar sempre crachá de identificação.
- Não ingerir qualquer tipo de alimento enquanto atende ao público.
- Não mascar chiclete, não chupar balas, não roer unhas, não palitar os dentes ou qualquer outro ato semelhante durante o período de trabalho.
- Não ingerir bebidas alcoólicas durante o trabalho.
- Aceitar comida e bebida dizendo sim ou não, e não como é visto costumeiramente: "obrigada".

PARTE 3

ASPECTOS COMPLEMENTARES PARA A FORMAÇÃO PROFISSIONAL

8

CERIMONIAL, PROTOCOLO E ETIQUETA

ANTECEDENTES HISTÓRICOS

Todas as fórmulas, tipos de comportamentos e preceitos necessários ao bom desempenho social seguiram linhas de evolução características de cada cultura.

Os costumes de ordem social, religiosa e política das várias culturas humanas ditaram comportamentos protocolares que vieram a formar a cultura do cerimonial.

Na China, várias correntes contribuíram para a cristalização das normas de costumes. Para o observador ocidental, a principal contribuição foi de origem confuciana, no que diz respeito ao aspecto formal.

O riquíssimo simbolismo clássico da poesia chinesa e dos filósofos motivou, porém, fórmulas de grande sensibilidade, com alusões a evocações que determinaram, por exemplo, o lugar, a hora e a oportunidade para se abordar cada assunto.

Já os egípcios acreditavam na continuação da vida após a morte, o que mostra que os seus rituais funerários eram compostos de uma série de normas e costumes que possibilitassem a continuação da vida extraterrena e a sobrevivência do nome da pessoa, como: a conservação do corpo por meio do processo de mumificação, o aprovisionamento regular de alimentos e da possibilidade de superar os perigos e provas que poderiam dificultar e impedir o avanço deste para o outro mundo. Para tanto, era necessária a existência de um túmulo que pudesse servir de morada e de lugar de descanso do corpo, com papiros colocados nas paredes trazendo textos que deveriam garantir a aceitação do morto por parte dos deuses. A sepultura devia ser escavada ou construída muito antes, e quanto mais ambicioso fosse o projeto, mais tempo era requerido para o levar a cabo.

A civilização greco-romana foi marcada por muitos rituais e festividades tanto pagãs quanto religiosas. Essas festividades possuíam normas que guiavam o seu desenvolvimento, como se pode observar na Festa Saturnália, que era iniciada pelo Imperador César e depois comandada por Baco, o deus do vinho (daí o termo "bacanal"). Nos 4 dias de festividade, tudo se invertia, e ao participar dessa inversão, as pessoas representavam papéis e fingiam ser o que não eram. Baco era um escravo (da classe mais baixa de Roma) que representava o papel do Rei Momo, que durante a realização da festa tornava-se uma autoridade que podia ordenar o que quisesse como se fosse o Imperador, como também permitia e comandava a prática de qualquer tipo de orgia e bebedeira. No término das festividades, ou seja, no final do quarto dia, Baco, que também era conhecido como Rei Momo, era sacrificado no altar do deus romano Saturno.

O crescimento urbano de Roma causou uma série de problemas sociais para a cidade, como a escravidão, que gerou desemprego na zona rural, onde muitos camponeses perderam seus empregos. Isso provocou a migração desses desempregados para as cidades romanas em busca de empregos e melhores condições de vida. Para amenizar um pouco a situação e evitar manifestações de descontentamento e revoltas, o Imperador criou a política conhecida como "Pão e Circo". Esta política consistia em oferecer aos romanos desempregados alimentação e diversão, isto é, praticamente todos os dias eram realizadas lutas de gladiadores nos circos romanos, o mais famoso deles é o Coliseu de Roma.

As festas romanas serviam para mostrar a boa qualidade da imagem idealizada do Imperador. Durante essas festividades, ele era a imagem da generosidade, promovia distribuição de dinheiro e alimentos; da força, pois era aclamado pelas legiões e pela plebe urbana; e do pontificado, porque realizava importantes ritos religiosos responsáveis por garantir o apoio das divindades à continuidade do Império.

Além das festas ligadas à demonstração de poder e generosidade do Imperador, em Roma aconteciam também os famosos banquetes da alta sociedade da época. Um banquete de requinte oferecia sete pratos aos seus convidados. A função dos escravos nesses banquetes era a de trocar os recipientes de água quente que eram utilizados para lavar as mãos e afastar os insetos da mesa de comida com grandes leques.

Nos países da Ásia e da África que foram colonizados por europeus prevaleceu, em geral, a língua oficial e os costumes protocolares do colonizador, o que demonstra a relação de força entre colonizados e colonizador.

Já nos países mulçumanos onde vigoram regras e comportamentos vindos do Alcorão[1] e também em regiões de predominância cultural e filosófica de origem budista, krishna, brâmane e bahai, não ocorreu o mesmo que nos países asiáticos e africanos.

Na Idade Média, a Igreja e as cortes europeias apresentaram costumes e regras de comportamento durante acontecimentos festivos e/ou religiosos que retratavam as características da sociedade da época.

A missa celebrada pela Igreja católica incorporava variados procedimentos cerimoniais, como:

- As vestimentas do padre.
- A elevação da hóstia.
- A decoração do altar.
- A apresentação dos símbolos.
- Os gestos de oferta e do agradecimento.
- O ato de ajoelhar.

A missa observada por partes encerra em si mesma os atos da preparação, da realização e do encerramento de uma solenidade.

No Renascimento, consolidaram-se as normas de comportamento cortesão e castelã, que vinham sendo sedimentados desde a Antiguidade e Idade Média.

No plano oficial, a corte assume os papéis modelares da alta sociedade, já na burguesia incipiente; na aristocracia rural, desenvolveram-se padrões muito mais puritanos de comportamento, e de certo modo de condenação aos modos corruptos e licenciosos da vida cortesã praticada nos palácios.

Na Era Napoleônica ou do Império Burguês, há uma maior convergência entre duas correntes, resultando no apogeu militar, na expansão pela conquista e num salto histórico que despreza as aristocracias medievais e renascentistas para conferir raízes clássicas à nova nobreza e a nova aristocracia.

A Revolução Industrial convulsionou as elites e, ao mesmo tempo, a maioria das monarquias foi substituída no mundo por regimes republicanos.

---

1 Alcorão – livro sagrado que contém o código religioso e político dos mulçumanos ou maometanos.

No mundo, as elites ascendentes contribuíram para que uma etiqueta menos formal prevalecesse sobre a das cortes.

No Brasil, só mais tarde, por influência de Pinheiro Machado e dona Nha-Nhã, os presidentes de tradição burguesa latifundiária restabeleceram os refinamentos da vida social, conforme comenta Emil Farhat, em *O Jornal*, de 31 de julho de 1935:[2]

> É por demais conhecida a crônica da vida do chefe gaúcho nesse solar. Sua esposa, porém, não modificara o espírito simples e afeito ao trabalho. As visitas cerimoniosas, ou as dos admiradores populares com que seu marido contava aos milhares, eram recebidas e tratadas afavelmente por ela.

No mundo ocidental existe muito mais unidade em relação à etiqueta, protocolo e cerimonial do que nos países do oriente.

A partir da criação da Organização das Nações Unidas (ONU), em 24 de outubro de 1945, após a ratificação da Carta das Nações Unidas pelos cinco membros permanentes do Conselho de Segurança (França, República da China, União Soviética, Reino Unido e Estados Unidos) e pela maioria dos outros 46 países signatários, as primeiras reuniões da Assembleia Geral, com as 51 nações representadas, e do Conselho de Segurança, tiveram lugar em Westminster Central Hall, em Londres, em janeiro de 1946.

Foi a partir da criação da ONU que a diplomacia internacional passou a representar múltiplas facetas nas relações multilaterais entre os governos democráticos.

Em muitos países como o Brasil, o protocolo oficial sofreu um colapso com os primeiros presidentes militares, o que ocasionou a edição de regras protocolares por decretos e leis que passaram a formar o cerimonial oficial do mundo moderno.

No Brasil, os comportamentos protocolares dos poderes judiciário, legislativo e executivo aceitos pelas relações internacionais são normatizados pelo Decreto Federal n. 70.274/72 e pela Lei n. 5.700/71.

Desde a Antiguidade até os dias atuais, a aceitação pela Santa Sé (Vaticano) de embaixadores como representantes de um país é feita mediante a entrega de Cartas Credenciais. Isso pode ser constatado em um trecho do

---

2 Disponível em: http://pt.wikipedia.org/wiki/Benedita_Brazilina_Pinheiro_Machado. Acessado em: 15 nov. 2012.

discurso do Papa Bento XVI ao Senhor Einars Semanis, novo embaixador da República da Letônia, junto da Santa Sé, por ocasião da apresentação das Cartas Credenciais, proferido na Sala Clementina, no dia 17 de dezembro de 2009:

> Ao dar-lhe as boas-vindas ao Vaticano e ao receber as Cartas Credenciais mediante as quais Vossa Excelência é designado Embaixador da República da Letônia junto da Santa Sé, sinto-me feliz por manifestar a minha satisfação pelas cordiais relações que continuamos a manter. Estou grato a Vossa Excelência por ter transmitido as corteses saudações do seu Presidente, o Senhor Valdis Zatlers, e pedir-lhe-ia a amabilidade de lhe retribuir e comunicar os meus bons votos, tanto a ele como a todo o povo da República.[3]

O que se pensou com essa breve reconstituição histórica foi alertar que o bem receber, respeitando as características culturais do outro, não deve estar presente somente no mundo dos eventos, mas também no cotidiano das pessoas. Atualmente, com a introdução e a evolução das novas tecnologias no dia a dia das sociedades, muitas regras de comportamento foram deixadas de lado.

A seguir, apresentam-se conceitos de cerimônia, cerimonial, protocolo, etiqueta, cerimonialista, cerimonialismo e mestre de cerimônia, o que possibilitará entender o significado de cada um desses termos, como também a sua aplicação nos diversos tipos de eventos.

CONCEITOS

Cerimônia

Segundo Houaiss (2001), cerimônia é o "conjunto de atos formais e solenes de caráter religioso ou profano estruturados e desenvolvidos, segundo normas, regras estritas, adequadas e próprias a cada fim".

---

3 Disponível em: http://www.vatican.va/holy_father/benedict_xvi/speeches/2009/december/documents/hf_ben-xvi_spe_20091217_ambassador-latvia_po.html. Acessado em: 15 nov. 2012.

Cerimonial

O cerimonial também é uma arte com filosofia própria e normas de conduta desenvolvidas ao longo dos séculos. É um elemento imprescindível ao ordenamento da existência social das pessoas e das comunidades e principalmente da inter-relação entre elas. Não obstante, seu formalismo e hierarquia não são estáticos e sem vida, pois evoluem constantemente.

Existem vários conceitos de cerimonial, conforme pode-se verificar nos diversos estudos sobre o assunto mencionados a seguir.

- Conjunto de regras costumeiras e de direito positivo que determinam quais as manifestações de respeito devidas a uma pessoa, em função de sua categoria, dentro de uma estrutura oficial ou eclesiástica (Enciclopédia Barsa apud Oliveira, 2000).
- Conjunto de formalidades que se devem observar em certas cerimônias (Houaiss, 2001).
- Conjunto de formalidades e atos solenes que devem ser observados nos eventos oficiais, incluindo as atividades protocolares (Poit, 2004).
- Relativo a cerimônias, vem do latim *caerimoniale* e é definido como: o conjunto de formalidades regulamentadas por lei, tradição, uso e costumes, que se devem observar num ato solene ou festa pública, quer seja um culto religioso ou atividade profana (Luz, 2005).
- Aplicação prática do protocolo, ou seja, as suas regras, por exemplo: cerimoniais e protocolos oficiais como a troca de guarda do palácio de Buckinghan (Lukower: 2003).
- Derivado do latim *caerimoniale*, que, aliás, quer dizer: referente a cerimônias religiosas. É o conjunto de formalidades que devem seguir um ato solene ou festa pública (Novo Dicionário Aurélio da Língua Portuguesa apud Oliveira, 2000).
- Conjunto de normas estabelecidas com a finalidade de ordenar corretamente o desenvolvimento de qualquer ato solene ou comemoração pública que necessite de formalização, ou seja, incluir procedimentos que os profissionais de cerimonial seguem durante a organização e a realização de atos públicos ou não. Também pode ser considerado como um conjunto de formalidade de um ato público que envolve precedência, indumentária, elementos sígnicos e ritual (Guerra, 2012).

Protocolo

São encontrados diversos conceitos para o termo:

- Palavra derivada do grego *protokollon*, que significa primeira colagem de cartas que trazem diversas indicações que as autenticam. *Proto* significa primeiro, *kollon*, goma. Em latim *protocollum*, no francês *protocole*. Para os romanos, protocolo era o selo que colocavam no papel em que registravam os atos públicos. Já na Idade Média, consistia no registro de arquivos, registros de deliberações ou atos de um congresso ou conferência diplomática. No Brasil, protocolo é o conjunto de usos e formalidades que se devem respeitar (Houaiss, 2001).
- Hoje refere-se a atos notoriais e escrituras, quando devem estar ordenadas. No direito internacional público, o termo é empregado no caso de tratados de acordos internacionais. Também definido como o conjunto de regras referentes ao cerimonial diplomático ou palatino, estabelecido por decreto ou por costume (Luz, 2005).
- Conjunto de normas jurídicas, regras de comportamento, costume e ritos de uma solenidade em um dado momento histórico, geralmente utilizadas nos três níveis de governo (federal, estadual e municipal) (Lukower, 2003).

Etiqueta

Existem vários conceitos para o termo etiqueta, conforme pode-se ver a seguir:

- Palavra derivada do francês *etiquétte*, que em 1691 passou a significar também "cerimonial da corte". Atualmente conceitua-se etiqueta como "o conjunto de regras de conduta, especialmente as de tratamento, seguidas em ocasiões formais" (Houaiss, 2001).
- Fenômeno de cultura popular. Os ingredientes culturais da etiqueta são a cordialidade e a hospitalidade. Destes dois elementos derivam os padrões e as leis da etiqueta como a precedência do hóspede sobre os anfitriões, as fórmulas de cortesia que exaltam os valores da ami-

zade fraterna, da boa sorte, da generosidade, da felicidade, da prosperidade (Dicionário de Direito Internacional apud Lins, 1991).

- Etimologicamente o termo provém do francês *étiquette*. É o conjunto de estilos, usos e costumes que devem ser observados em casas reais, atos públicos e solenes, assim como nas manifestações externas da vida social. Refere-se ao tratamento formal entre pessoas, sendo este um tratamento diferente daquele que se usa quando existe certo grau de confiança e familiaridade (Adolfo J. de Urquiza apud Luz, 2005).
- Conjunto de normas de comportamento social, profissional e familiar que retrata a sociedade em cada época distinta. A etiqueta também indica costumes e hábitos dos povos. Como exemplo, podemos citar o cumprimento dos orientais, uma inclinação para a frente com a cabeça, em oposição ao cumprimento ocidental do aperto de mãos. Nesse caso as regras de etiqueta que prevalecem são o cumprimento do anfitrião em primeiro lugar e imediatamente após o cumprimento do visitante (Lukower: 2003).

Relações públicas

É "a atividade, o esforço deliberado, planificado e contínuo para estabelecer e manter compreensão mútua entre uma instituição pública ou privada e os grupos e pessoas a que esteja direta ou indiretamente ligada" (Speers, 1996).

Cerimonialista

Para Houaiss (2001), cerimonialista é "relativo a ou o que postula ou pratica o cerimonialismo". Em eventos, entende-se que é a pessoa encarregada da condução da solenidade, ou seja, é o responsável pelo cumprimento das normas protocolares.

Cerimonialismo

É a "estrita e rigorosa observância de normas e regras cerimoniais" (Houaiss, 2001).

MESTRE DE CERIMÔNIA

Segundo Houaiss (2001), mestre de cerimônia é a pessoa "oficial encarregada do cerimonial nas recepções de uma corte, ou em outros atos solenes". A seguir apresentam-se algumas características necessárias a um mestre de cerimônias, que são:

- Mestre de cerimônias é a pessoa encarregada de fazer a locução da solenidade, não devendo ser confundido com o cerimonialista.
- A participação do mestre de cerimônias é imprescindível em uma solenidade em que se queira dar um tom oficial (clássico).
- O mestre de cerimônias deverá ter boa voz, boa dicção e boa leitura.
- Faz-se necessário familiarizar-se com o que irá acontecer no evento, redigir com os coordenadores (cerimonialistas) o *script* e a relação das autoridades pela ordem de precedência.
- Do seu bom desempenho, dependerá o sucesso do evento. Ter conhecimento do cerimonial público e iniciativa são requisitos do mestre de cerimônias.

Um mestre de cerimônias precisa ter cuidados especiais com a sua aparência, isto é, deve trajar roupas bem alinhadas, cuidar do asseio corporal, ter cabelos bem cuidados, postura correta e ser discreto na apresentação, pois alguns eventos exigem sobriedade e muita segurança. Deve limitar-se ao ato de apresentar a sequência do evento e não procurar "fazer o show". O mestre de cerimônias não é um *showman*, mas um apresentador e condutor da cerimônia.

CERIMONIAL E PROTOCOLO POR TIPOS DE EVENTOS

Eventos oficiais

Todos os tipos de evento de caráter oficial (federal, estadual e municipal), com composição de mesa de abertura ou qualquer outra forma adotada, devem obedecer o disposto no Decreto n. 70.274/72, que aprova as normas do cerimonial público e a ordem geral de precedência.

As normas do cerimonial público com relação à forma e à apresentação dos símbolos nacionais devem ser observadas de acordo com as legislações vigentes, conforme apresentado a seguir:

- Lei n. 5.700/71 – dispõe sobre a forma e a apresentação dos símbolos nacionais, e dá outras providências.
- Lei n. 5.813/72 – dispõe sobre a forma e a apresentação dos símbolos nacionais e dá outras providências. No Capítulo 01 – Disposição Preliminar –, no Artigo 1º, encontram-se o que são considerados símbolos nacionais.
  Art. 1º - São símbolos nacionais, e inalteráveis:
  – I - A bandeira nacional;
  – II - O hino nacional.
  – Parágrafo único – São também símbolos nacionais, na forma da lei que os instituiu:
  – I - As armas nacionais;
  – II - O selo nacional.

- Decreto n. 83.186/79 – inclui na ordem de precedência estabelecida no art. 8º das normas do cerimonial público aprovadas pelo Decreto n. 70.274/72, o estado de Mato Grosso do Sul.
- Lei n. 8.421/92 – altera a Lei n. 5.700/71, que dispõe sobre a forma de apresentação dos símbolos nacionais.
- Decreto n. 672/92 – acrescenta parágrafo único ao art. 88 das normas de cerimonial público, aprovadas pelo Decreto n. 70.274/72.
- Lei n. 12.157/2009 – altera o art. 13 da Lei n. 5.700/71.
- Decreto n. 7.419/2010 – dá nova redação ao art. 21 do anexo do Decreto n. 70.274/72, no tocante ao hasteamento do pavilhão presidencial e incluindo disposição sobre o pavilhão do vice-presidente.

CERIMONIAL E PROTOCOLO/REGRAS DE PRECEDÊNCIA

As regras de precedência estabelecem a hierarquia entre as autoridades dos diversos segmentos. Essa hierarquia é estabelecida no Decreto n. 70.274/72, que aprova as normas do cerimonial público e a ordem geral de precedência, isto é, atribui a cada autoridade seu respectivo nível de escalonamento, conforme apresenta-se abaixo.

- Nível 1
  - Presidente da República.

Nível 2

- Vice-presidente da República.
- Governador do estado em que ocorre a cerimônia.
- Cardeais.
- Embaixadores estrangeiros.

Nível 3

- Presidente do Congresso Nacional.
- Presidente da Câmara dos Deputados.
- Presidente do Supremo Tribunal Federal.

Nível 4

- Ministros de estado.
- Chefes do Gabinete Civil e Militar da Presidência da República.
- Chefe do Estado-Maior das Forças Armadas.
- Vice-governador do estado em que ocorre a cerimônia.

Nível 5

- As demais autoridades presentes.

PRINCIPAIS ASPECTOS LEGAIS

A seguir, encontram-se alguns artigos do Decreto n. 70.274/72, que orienta o cerimonialista na elaboração e na condução de solenidades com a presença de autoridade de estado.

- **Artigo 1º** – O presidente da República presidirá sempre a cerimônia a que comparecer.
- **Parágrafo único** – Os antigos chefes de estado passarão logo após o presidente do Supremo Tribunal Federal, desde que não exerçam qualquer função pública. Nesse caso, a sua precedência será determinada pela função que estiverem exercendo.

- **Artigo 2º** – Não comparecendo o presidente da República, o vice-presidente da República presidirá a cerimônia a que estiver presente.

- **Parágrafo único** – Os antigos vice-presidentes da República passarão logo após os antigos chefes de estado, com a ressalva prevista no parágrafo único do artigo 1º.

- **Artigo 3º** – Os ministros de estado presidirão as solenidades promovidas pelos respectivos ministérios.

- **Artigo 4º** – A precedência entre ministros de estado, ainda que interinos, é determinada pelo critério histórico de criação do respectivo ministério, na seguinte ordem: justiça; marinha; exército; relações exteriores; fazenda; transportes; agricultura; educação e cultura; trabalho e previdência social; aeronáutica; saúde, indústria e comércio; minas e energia; planejamento e coordenação geral; interior; e comunicações.

■ Da precedência nos estados e Distrito Federal

- **Artigo 6º** – Nos estados, no Distrito Federal e nos territórios, o governador presidirá as solenidades a que comparecer, salvo as dos poderes legislativo e judiciário e as de caráter exclusivamente militar, nas quais será observado o respectivo cerimonial.
- **Parágrafo único** – Quando para as cerimônias militares for convidado o governador, ser-lhe-á dado o lugar de honra.

- **Artigo 7º** – No respectivo estado, o governador, o vice-governador, o presidente da Assembleia Legislativa e o presidente do Tribunal de Justiça terão, nessa ordem, precedência sobre as autoridades federais.
- **Parágrafo único** – Tal determinação não se aplica aos presidentes do Congresso Nacional, da Câmara dos Deputados e do Supremo Tribunal Federal, aos ministros de estado, ao chefe do Gabinete Militar da presidência da República, ao chefe do Gabinete Civil da presidência da República, ao chefe do Serviço Nacional de Informações, ao chefe do Estado-maior das Forças Armadas e ao consultor-geral da República, que passarão logo após o governador.

- **Artigo 8º** – A precedência entre os governadores dos estados, do Distrito Federal e dos territórios é determinada pela ordem de constituição histórica dessas entidades, a saber: Bahia, Rio de Janeiro, Maranhão, Pará, Pernambuco, São Paulo, Minas Gerais, Goiás, Mato Grosso, Rio Grande do Sul, Ceará, Paraíba, Espírito Santo, Piauí, Rio Grande do Norte, Santa Catarina, Alagoas, Sergipe, Amazonas, Paraná, Acre, Mato Grosso do Sul, Distrito Federal, e territórios: Amapá, Fernando de Noronha, Rondônia e Roraima.

- **Artigo 10** – Nos municípios, o prefeito presidirá as solenidades municipais.

- **Artigo 18** – Quando o presidente da República se fizer representar em solenidades ou cerimônias, o lugar que compete a seu representante é à direita da autoridade que as presidir.
- **Parágrafo 2º** – Nenhum convidado poderá fazer-se representar nas cerimônias a que comparecer o presidente da República.

CONVITES

Na elaboração de convites deve-se tomar alguns cuidados na redação do texto para que informações imprescindíveis ao convidado não sejam esquecidas, pois isso pode prejudicar o sucesso do evento. Na elaboração de um convite existem dois tipos de informações para serem colocadas: as informações principais e as adicionais.

- Informações principais
  - Quem convida.
  - Para que convida.
  - Quando será.
  - Onde será.

- Informações adicionais
  - Definição do traje.
  - Pedido de confirmação.
  - Outras orientações.

Convites com pedido de confirmação devem conter a seguinte mensagem:

- Favor responder.
- RSVP (*Répondez S'il Vous Plaît*).
- Somente para escusas.

▨ Cuidados ao redigir o convite

A seguir, encontram-se alguns cuidados que devem ser observados ao redigir um convite para eventos oficiais:

- "O Governador do Estado de São Paulo tem a 'honra' de convidar para..." significa que está se dirigindo a uma autoridade superior a sua posição.
- "O Governador do Estado de São Paulo tem o 'prazer' de convidar para..." significa que está se dirigindo a amigos, pares no mesmo nível hierárquico e subordinados.
- "O Governador do Estado de São Paulo tem a 'satisfação' de convidar para..." significa que está se dirigindo a amigos, pares no mesmo nível hierárquico e subordinados.

▨ Modelos de convites

CONVITE

O Prefeito da cidade de São Paulo, *Gilberto Kassab*, tem a honra de convidá-lo para o jantar comemorativo do aniversário da cidade de São Paulo, a realizar-se às vinte horas e trinta minutos, do dia vinte e cinco de janeiro de dois mil e doze, no Palácio da Anhangabaú, no Viaduto do Chá, 15, Centro.
Traje: Passeio Completo
Favor confirmar presença – (11) 2222-6666 com o setor de cerimonial.

CONVITE

O Prefeito da cidade de São Paulo, Gilberto Kassab, tem a satisfação de convidá-lo para o jantar comemorativo do aniversário da cidade de São Paulo, a realizar-se às vinte horas e trinta minutos, do dia vinte e cinco de janeiro de dois mil e doze, no Palácio da Anhangabaú, no Viaduto do Chá, 15, Centro.
Traje: Passeio Completo
Favor confirmar presença – (11) 2222-6666 com o setor de cerimonial.

CONVITE

O Prefeito da cidade de São Paulo, Gilberto Kassab, tem o prazer de convidá-lo para o jantar comemorativo do aniversário da cidade de São Paulo, a realizar-se às vinte horas e trinta minutos, do dia vinte e cinco de janeiro de dois mil e doze, no Palácio da Anhangabaú, no Viaduto do Chá, 15, Centro.
Traje: Passeio Completo
Favor confirmar presença – (11) 2222-6666 com o setor de cerimonial.

RECEPÇÃO DE AUTORIDADES/CONVIDADOS

A recepção de autoridades em um evento deve se constituir das seguintes etapas:

- Fazer o registro da autoridade em livro, ficha e/ou formulário específico e evitar o uso de abreviaturas e siglas.
- Entregar as fichas e/ou formulários ao mestre de cerimônia, para que este, ao iniciar os seus trabalhos, possa fazer as citações das autoridades presentes.

Modelo de nominata (ficha de registro de autoridade)

**Cerimonial da Prefeitura da Cidade de São Paulo
(no alto centralizado, ou à esquerda da ficha)**

Nome _____

Cargo/Entidade _____

Representando _____

_____

OBS.: Não fazer uso de abreviaturas e siglas.

Lembre-se de não confundir:

Interino – significa que o cargo em questão está vago.

Em exercício – significa que o titular está afastado temporariamente.

SÍMBOLOS NACIONAIS

■ Hino nacional

De acordo com a Lei n. 5.700/71, que dispõe sobre a forma e a apresentação dos Símbolos Nacionais e dá outras providências, destaca-se aqui, que:

- ■ Nas cerimônias em que se tenha de executar um hino nacional estrangeiro, este deve, por cortesia, preceder o Hino Nacional Brasileiro.
- ■ A execução dos hinos nacionais não exige posicionamento em direção à bandeira nacional, somente que todos estejam de pé, com boa postura, atenção e respeito e, no caso dos militares, a posição de sentido.

■ Bandeira nacional

De acordo com a lei que dispõe sobre o uso dos símbolos nacionais, a seguir apresentam-se alguns artigos que estabelecem normas de uso da bandeira nacional.

- **Artigo 10 –** A bandeira nacional pode ser usada em todas as manifestações do sentimento patriótico dos brasileiros, de caráter oficial ou particular.

- **Artigo 19 –** A bandeira nacional, em todas as apresentações no território nacional, ocupa lugar de honra, compreendido como uma posição:
  - – I – Central ou a mais próxima do centro e à direita deste, quando com outras bandeiras, pavilhões ou estandartes, em linha de mastros, panóplias, escudos ou peças semelhantes.
  - – II – Destacada à frente de outras bandeiras, quando conduzida em formaturas ou desfiles.
  - – III – À direita de tribunas, púlpitos, mesas de reunião ou de trabalho.
- **Parágrafo único –** Considera-se direita de um dispositivo de bandeiras a direita de uma pessoa colocada junto a ele e voltada para a rua, para a plateia ou, de modo geral, para o público que observa o dispositivo.

Abaixo encontra-se uma panóplia com a bandeira nacional acompanhada da bandeira do estado de São Paulo e da cidade de São Paulo.

Figura 8.1 – *Panóplia com bandeira nacional.*

Disponível em: http://cidaderiodejaneiro.olx.com.br/aluguel-de-bandeiras-e-panoplia-brasil-e--rio-de-janeiro-estado-e-municipio-iid-196469498. Acessado em: 15 nov. 2012.

A bandeira nacional, quando for utilizada sem uso de mastro, deve ser colocada no centro, acima da mesa diretora, pois não pode ser ocultada, mesmo que parcialmente.

- Desrespeito à bandeira nacional
  A Lei n. 5.700/71 considera como desrespeito à bandeira nacional, o disposto nos artigos a seguir:

- **Artigo 30** – Nas cerimônias de hasteamento ou arriamento, nas ocasiões em que a Bandeira se apresentar em marcha ou cortejo, assim como durante a execução do Hino Nacional, todos devem tomar atitude de respeito, de pé e em silêncio, os civis do sexo masculino com a cabeça descoberta e os militares em continência, segundo os regulamentos das respectivas corporações.

- **Parágrafo único** – É vedada qualquer outra forma de saudação.

- **Artigo 31** – São consideradas manifestações de desrespeito à bandeira nacional, e portanto proibidas:
  - I – Apresentá-la em mau estado de conservação.
  - II – Mudar-lhe a forma, as cores, as proporções, o dístico ou acrescentar-lhe outras inscrições.
  - III – Usá-la como roupagem, reposteiro, pano de boca, guarnição de mesa, revestimento de tribuna, ou como cobertura de placas, retratos, painéis ou monumentos a inaugurar.
  - IV – Reproduzi-la em rótulos ou invólucros de produtos expostos à venda.

- **Artigo 32** – As Bandeiras em mau estado de conservação devem ser entregues a qualquer Unidade Militar, para que sejam incineradas no Dia da Bandeira, segundo o cerimonial peculiar.

- **Artigo 33** – Nenhuma bandeira de outra nação pode ser usada no país sem que esteja ao seu lado direito, de igual tamanho e em posição de realce, à Bandeira Nacional, salvo nas sedes das representações diplomáticas ou consulares.

DISCURSOS

Os discursos devem ser realizados em ordem crescente de precedência, ou seja, a autoridade de maior precedência fala por último.

Lembrete importante

É competência do cerimonial do evento informar aos convidados:

- Informar a autoridade de que ela terá a oportunidade de pronunciar-se e confirmar seu interesse em fazer uso da prerrogativa.
- Informar o momento da cerimônia em que a autoridade será convidada a fazer seu pronunciamento .
- Se possível, informar o tempo disponibilizado para a realização do discurso.

Tipos de cerimonial com formação de mesa de honra

Composição de mesa de honra com número ímpar

4	2	1	3	5

1– Maior autoridade: preside a cerimônia.
2 – Segunda maior autoridade presente.
3 – Anfitrião: à esquerda da maior autoridade.

As demais autoridades são posicionadas em ordem decrescente de precedência, do centro para as extremidades, alternando-se direita/esquerda.

Composição de mesa de honra com número par

5	3	1	2	4	6

1– Maior autoridade: preside a cerimônia – posição central-direita.
2 – Anfitrião: posição central-esquerda.

As demais autoridades são posicionadas em ordem decrescente de precedência, do centro para as extremidades, alternando-se direita/esquerda.

Composição de palanques de autoridades

9	7	6	8	10
4	2	1	3	5

PÚBLICO

O posicionamento das autoridades é análogo ao da composição de mesa de honra.

O acesso ao palanque só deve ser permitido após a chegada da maior autoridade, que deverá ser a primeira a subir.

Inaugurações

Inaugurações com fita em ambientes externos

Geralmente usa-se fazer um laço de duas pontas para ser desenlaçado, por uma ou mais pessoas.

Inaugurações com fita em ambientes internos

O mais usual é realizar o corte da fita; nesse caso, deve-se usar uma bandeja com a tesoura e luvas brancas, com as quais uma pessoa fará o corte da fita dando o acesso às autoridades.

Inaugurações com placa inaugural

A placa deverá obedecer os seguintes aspectos:

- Ser de bronze, aço escovado ou acrílico.
- Medidas: 60 x 80cm.

Deverá conter as seguintes informações:

- Descrição do que se inaugura.
- Principais autoridades responsáveis.
- Local e data do ato.

Inaugurações com pano inaugural

Esse tipo de solenidade deve apresentar as seguintes características:

- Deve cobrir totalmente a placa.
- Sua cor deve ter afinidade com a ocasião/instituição.

Jamais utilizar a bandeira nacional.

Eventos esportivos

Geralmente o cerimonial de abertura de eventos esportivos apresenta a seguinte sequência:

- Concentração das delegações.
- Concentração das autoridades.
- Entrada das delegações.
- Composição da mesa ou palanque.
- Entrada dos árbitros.
- Entrada das bandeiras.
- Hasteamento das bandeiras durante a execução do Hino Nacional.
- Entrada e hasteamento da bandeira do evento.
- Entrada do fogo simbólico.
- Acendimento da pira.
- Declaração de abertura.
- Juramento do atleta.
- Juramento do árbitro.
- Saudações aos participantes.
- Saídas das delegações.
- Eventos artísticos e culturais.
- Encerramento do cerimonial e início das competições.

A cerimônia de encerramento é realizada logo após o término das competições e tem a seguinte sequência básica:

- Entrada dos atletas (desfile).
- Premiação final.
- Arriamento das bandeiras (execução do Hino Nacional).
- Saudações e agradecimentos.
- Extinção do fogo simbólico.
- Demonstrações e/ou shows.
- Retirada dos atletas.
- Confraternização.

Eventos associativos, corporativos e mistos

De acordo com a estrutura jurídica, as organizações promotoras de eventos podem ser classificadas em associações ou empresas.

Os eventos promovidos pelas associações são denominados associativos e os promovidos por empresas, corporativos.

Uma característica possivelmente comum tanto para os eventos associativos quanto para os corporativos é o seu âmbito de ação, o qual pode ser em nível municipal, estadual, regional, nacional e internacional.

Eventos associativos

O protocolo oficial estabelece que se deve somente iniciar a solenidade após a chegada da autoridade mais importante, que fará parte da mesa de abertura.

- O centro da mesa será ocupado por quem preside a solenidade (presidente do evento).
- O lugar à direita do presidente é o lugar de honra em qualquer solenidade e deve ser ocupado pela maior autoridade presente.
- O lugar à esquerda é destinado para a segunda maior autoridade ou anfitrião, quando este não for o presidente da solenidade.
- Lugar destinado ao homenageado, quando houver, ou então segue-se com a ordem de precedência – terceira maior autoridade.
- Quarta maior autoridade.

Obs: a ordem dos pronunciamentos é inversa a da composição da mesa.

Eventos corporativos

O cerimonial é estritamente privado, sendo instituído pela empresa e realizado por profissionais de relações públicas ou por secretárias executivas.

A ordem de precedência dentro da estrutura jurídica é dada pelo estatuto da empresa.

A ordem de precedência na estrutura administrativa ou operacional é dada pelo organograma, que apresenta a estrutura hierárquica da empresa.

A diretoria é o órgão de direção que tem atribuições e é regido pelo estatuto, sendo o órgão fundamental de condução da empresa; portanto, seus membros sempre serão os primeiros na ordem de precedência.

A precedência dentro da diretoria executiva é determinada pelos cargos.

Os critérios de ordenamento podem ser dados pelos cargos ou pela antiguidade, nunca pela importância. O problema se dará no nível horizontal, e para solucioná-lo existem critérios, entre eles o mais utilizado é o da antiguidade.

Eventos mistos

São os eventos associativos, corporativos e esportivos, mas que em virutde da presença de autoridade oficial, assumem o caráter de evento oficial. Nesse caso, deve-se utilizar o cerimonial oficial, adaptando-o para o evento em questão.

MODELO DE PAUTA DE SOLENIDADE DO MESTRE DE CERIMÔNIA

Pauta (*scrípt*)
Evento: IV Congresso Brasileiro de Pediatria
Data: 12 a 16 de abril de 2008
Local: Centro de Convenções Rebouças
Promotor do evento: Associação Brasileira de Medicina – ABM
Organizador do evento: Associação Paulista de Medicina – APM.

1 – Instalação da solenidade.
2 – Cumprimento pelo mestre de cerimônia aos presentes.
3 – Anúncio do início da solenidade.
4 – Leitura da sinopse do evento.
5 – Composição da mesa de abertura da solenidade.
6 – Ato de abertura (execução do Hino Nacional, quando houver).

7 – Pronunciamentos (previstos na pauta).

8 – Mensagens laudatórias (e-mail, cartas, telegramas etc.).

9 – Destacar presenças ilustres (lista ou fichas em anexo fornecidas pelo cerimonial).

10 – Encerramento da solenidade de abertura e início dos trabalhos.

EXEMPLO DE COMPOSIÇÃO DE MESA

Composição da mesa do evento:

1 – Presidente da solenidade de abertura e/ou do evento (presidente da Associação Brasileira de Medicina).

2 – Autoridade (federal, estadual ou municipal presente).

3 – Anfitrião – presidente da Associação Paulista de Medicina.

4 – Autoridade no ramo de pediatria.

5 – Seguir ordem de precedência.

9

ALIMENTOS E BEBIDAS (A&B): NOÇÕES BÁSICAS

Os serviços de A&B, atualmente muito utilizados tanto nos eventos sociais como nos técnicos e científicos, sinalizam que são excelentes oportunidades de socialização oferecidas aos participantes, pois são nesses momentos em que se pode conhecer pessoas, hábitos alimentares e culturais dos seus anfitriões.

Esse tipo de experiência, que hoje é buscada pelo mundo dos eventos em torno de uma mesa de *coffee break*, de um coquetel ou até mesmo de um almoço ou jantar, é descrita em um outro contexto que demonstra muito bem a importância dos alimentos e bebidas como elemento de socialização, conforme descreve Gallian (2007):

> Durante muitos séculos e até nossos dias – infelizmente cada vez menos –, a *refeição* apresenta-se como o centro essencial da vida familiar. É em torno da mesa da cozinha ou da sala de jantar que a vida familiar costumava girar. Em torno da mesa, por ocasião da *refeição*, todos os membros se reuniam, e enquanto se serviam e se alimentavam da mesma comida, serviam uns aos outros de suas histórias, experiências, ideias. Era nesse momento e nesse contexto que se estreitavam os laços ou se explicitavam as distâncias. Era o momento de os mais velhos destilarem seus conselhos, transmitirem seus valores, e os mais jovens contarem as últimas novidades. Eis por que o momento das *refeições* estava revestido de um caráter central e solene na vida familiar. Era um dos poucos eventos, talvez o único, que tinham hora certa, pelo menos para começar. Invariavelmente era longo – e quanto mais longo, melhor. Os pratos iam

se sucedendo assim como os assuntos e as conversas. Boa parte das memórias afetivas daqueles que vivenciaram esse tipo de contexto familiar estão vinculadas a esses momentos transcorridos em torno da mesa.

Neste capítulo são abordados alguns aspectos que envolvem a atividade de A&B, que pode interferir indiretamente na rotina do profissional de recepção em eventos. Ressalta-se que o profissional de recepção que quiser buscar qualificação em temas que exigem um conhecimento técnico especializado, como vinhos, elaboração de cardápio e etiqueta à mesa, deverá buscar cursos de formação específica em cada assunto.

A seguir, apresentam-se alguns itens referentes à atividade de A&B que devem ser observados quando da escolha do local e para a montagem adequada da estrutura física e dos equipamentos a serem utilizados.

RESTAURANTE

Localização

A localização do restaurante no espaço em que o evento será realizado é de suma importância para a qualidade do atendimento que se pretende dar aos participantes do evento e/ou clientes, conforme mostra-se a seguir:

- Facilitar ao máximo a comunicação com a cozinha, o que permite uma maior rapidez na execução dos serviços e é muito importante para a qualidade dos mesmos. Assim, deve-se estar no mesmo nível e próximo da cozinha.
- Evitar que os odores da cozinha penetrem no restaurante.
- Proporcionar temperatura, iluminação e ventilação agradáveis.
- Evitar degraus entre a cozinha e o restaurante.
- Proporcionar fácil acesso ao público.
- Para restaurante panorâmico, por exemplo, o elevador deverá merecer uma atenção toda especial a fim de evitar filas e reclamações de demora.

Espaço físico

O espaço físico da sala do restaurante é ocupado pelo mobiliário pertinente (mesas, cadeiras, aparadores, *gueridons*, carrinhos de serviço e outros), pela circulação do pessoal que presta os serviços e pela circulação e espaços ocupados pelos comensais. É preciso prever todos esses espaços para proporcionar bom ambiente, conforto e serviços de excelente qualidade, conforme as sugestões apresentadas a seguir:

- Aproveitar ao máximo os espaços disponíveis, sem que isso prejudique o conforto dos comensais, o fluxo das pessoas (pessoal de serviço e clientes) e a qualidade dos serviços.
- Dispor as mesas de maneira a evitar que o cliente fique voltado diretamente para a parede. As mesas colocadas em oblíquo geralmente evitam essa situação.
- Evitar colocar mesas muito próximas da entrada principal do restaurante ou da entrada para a cozinha .
- Colocar mesas com diversas capacidades, ou seja, para atender uma, duas ou mais pessoas.
- Colocar a mesa do *buffet*, se for o caso, em local visível, de fácil acesso tanto por parte do comensal quanto por parte do pessoal de serviço.

Mobiliário

O mobiliário do restaurante deve apresentar as seguintes características:

- Estar em harmonia com o tipo e a categoria do estabelecimento.
- Facilitar o serviço por parte da brigada do restaurante.
- Oferecer conforto para os comensais.
- Ser de fácil limpeza.
- Ser padronizado, para facilitar sua reposição.
- Ser resistente, para uso diário.

Os móveis necessários para o funcionamento de um restaurantes são os mais variados possíveis, tais como:

- Mesas – quadradas, retangulares, redondas e ovais. A escolha do formato e do tamanho das mesas depende do tipo de cliente que mais assiduamente frequenta o estabelecimento e também das dimensões e formato do espaço físico.

- Cadeiras – para uso dos comensais (adultos e crianças).
- Aparadores – destinados à guarda de talheres, roupas e outros utensílios necessários durenta a refeição.
- Mesas auxiliares (*gueridons*) – destinadas a auxiliar no serviço à inglesa indireto ou de apoio para serviços de bebidas.
- Carrinhos diversos – para o serviço de sobremesa, de bebidas, de frios e de flambar.
- Mesa para *buffet* – destinada à exposição e ao serviço de pratos frios ou quentes, sobremesas, frutas, queijos e outros.

Decoração

A categoria de um restaurante decorre de vários fatores, entre eles, pode-se destacar:

- Qualidade da comida oferecida.
- Qualidade dos serviços.
- Instalações e equipamentos.
- Utensílios, louças, talheres, cristaleira.
- Decoração.

A decoração é um dos elementos que compõem a categoria do estabelecimento. Ela contribui para criar uma atmosfera agradável e peculiar, influenciando no bem-estar do cliente. Daí a importância de se harmonizar cores, mobiliário, quadros, cortinas, arranjos florais e outros.

Tudo deve estar em equilíbrio com o ambiente que se deseja criar para a clientela visada. Observa-se que a decoração nunca deve ser demasiadamente carregada ou excessiva.

Na decoração de uma mesa deve-se levar em consideração alguns aspectos, como:

- Os arranjos não devem ser chamativos.
- Os arranjos devem primar pela harmonia das cores, considerando o tamanho e o ambiente do restaurante.
- Os arranjos podem ser compostos de flores, frutas, legumes, folhagens e objetos diversos.
- Os arranjos não devem atrapalhar a visão dos comensais.
- Os arranjos não devem ser feitos com flores que exalem perfume muito forte, pois podem interferir no sabor dos alimentos e das bebidas.

SERVINDO ALIMENTOS E BEBIDAS – *MISE EN PLACE*

Mise en place é uma expressão de origem francesa que significa arrumação, colocação em ordem.

A seguir, apresenta-se um modelo de *mise en place* e também o descritivo do que significa cada peça disposta na arrumação da mesa, ressaltando que nessa arrumação não constam pratos e talheres para sobremesa.

1 – Pequeno garfo usado para comer ostras.

2 – Colher para sopa.

3 e 4 – Talheres para o primeiro prato, normalmente um peixe ou frango (carne branca) – quando peixe, há garfo e faca específicos.

5 e 6 – Talheres para o prato principal.

7 – Faca de manteiga.

8 – Guardanapo.

9 – *Sous-plat* – um suporte para o prato que ajuda a embelezar a mesa.

10 – Prato de pão.

11 – Copo de água.

12 – Copo para vinho tinto que acompanha o prato principal.

13 – Copo para vinho branco que acompanha o primeiro prato.

Figura 9.1 – *Mise en place*.

Disponível em: http://etiquetaeumpoucomais.spaceblog.com.br/346130/Mise-en-place/. Acessado em 16 nov. 2012.

TIPOS DE SERVIÇOS

Existem vários tipos de serviços que os restaurantes podem utilizar para servir seus clientes, isto é, a forma como os alimentos são servidos. Esses serviços são:

■ **Serviço à francesa**

Neste tipo de serviço o garçom traz a bandeja com o prato solicitado pelo cliente. A travessa vem acompanhada de uma colher de sopa e um garfo de carne, com os cabos voltados em direção ao convidado, para que ele próprio se sirva. O garçom se posta à esquerda do convidado e inclina-se ligeiramente para a frente, de modo a deixar a travessa o mais próximo possível do convidado. Após o término das refeições, os pratos são retirados pela direita.

■ **Serviço à inglesa**

Neste tipo de serviço a refeição é colocada em uma travessa, preparada na cozinha, e o garçom serve os alimentos nos pratos dos clientes e/ou convidados. É um tipo de serviço pouco utilizado atualmente. Pode ser direto ou indireto.

Serviço à inglesa direto

Este tipo de serviço é requintado e elegante, e sua característica principal é que o convidado e/ou cliente é servido pelo garçom. Este traz a bandeja com o pedido solicitado, posta-se do lado esquerdo do convidado e/ou cliente e inclina-se ligeiramente para apresentar as travessas com os alimentos; em seguida, começa a servir cada componente da mesa diretamente, isto é, das travessas que estão na bandeja para o prato do cliente. O garçom deve ter o máximo de cuidado na montagem e na disposição dos alimentos no prato, e a quantidade a ser colocada deve obedecer a critérios preestabelecidos, de acordo com orientação do cozinheiro ou do *maître*, bem como a do cliente e/ou convidado. Vale ressaltar que nunca se deve colocar uma quantidade excessiva de alimentos no prato.

Para esse tipo de serviço o garçom precisa ter muita habilidade no manejo dos talheres para não deixar cair alimento no chão nem no cliente. A retirada dos pratos após a refeição é pela direita do cliente e/ou convidado.

Serviço à inglesa indireto

Para este tipo de serviço, o garçom inicialmente deve preparar a mesa auxiliar (*gueridon*), ao lado da mesa do cliente e/ou convidado, onde colocará a bandeja com os pedidos. Depois, buscará a bandeja com as travessas na cozinha, apresentará aos clientes e/ou convidados e colocará no *gueridon* para fazer a montagem dos pratos. Deve seguir as mesmas instruções de montagem do serviço à inglesa direto. A retirada dos pratos após a refeição é pela direita do cliente e/ou convidado.

■ Serviço à americana

O serviço à americana é um dos mais utilizados atualmente, por conta da escassez de espaço físico para instalar restaurantes amplos e arejados. Outro fator também é o tempo de almoço reduzido que as pessoas dispõem para realizar suas refeições. Esse tipo de serviço atualmente tem sido muito utilizado em eventos, principalmente nos eventos de casamento.

As principais características que podem ser observadas nesse tipo de serviço são:

- Louças, talheres, pratos e menu são colocados de forma organizada em uma ou mais mesas, de acordo com o número de clientes e/ou convidados.
- Os próprios clientes e/ou convidados se servem e se acomodam como preferirem, isto é, podem se sentar onde houver lugar vago.
- Cada cliente e/ou convidado pode escolher quando quer se servir.
- Em restaurantes e/ou eventos com esse tipo de serviço, existe a presença de garçons para o serviço de bebida e para auxiliar o cliente e/ou convidado no que for necessário;
- Em eventos com grande número de convidados é aconselhável a montagem de mais de uma mesa de *buffet*; essas mesas devem ser distribuídas pelo espaço do salão para evitar filas e descontentamentos.
- Nos eventos em que não existe a possibilidade de todos os convidados comerem sentados à mesa, é aconselhável a escolha de pratos que não exijam faca para comer, como por exemplo massas ou carnes picadas.
- As bebidas devem estar de acordo com os pratos servidos e também com o horário da refeição.
- A sequência de arrumação da mesa de *buffet* é a seguinte: inicialmente os pratos que serão utilizados pelos clientes e/ou convidados, depois as travessas de alimentos frios e quentes com os respectivos talheres, pães, guardanapo e talheres (estes devem ser a última coisa que o convidado pega antes de comer).

■ Serviço franco-americano

Este tipo de serviço é um misto do serviço à francesa com o americano, e caracteriza-se pela praticidade e informalidade, isto é, os utensílios como pratos, copos e talheres são dispostos nas mesas dos clientes e/ou convidados. As bebidas, coquetéis, canapés, salgadinhos, ou o prato de entrada que vem pronto, e a sobremesa são servidos à mesa. Já o prato principal, o cliente e/ou convidado deve servir-se dele em um *buffet*.

■ Serviço empratado

Neste tipo de serviço a comida é colocada em pratos individuais na cozinha ou em uma ilha de apoio e é levada simultaneamente pelos garçons ao cliente e/ou convidado, sendo colocada diante do cliente pela direita, o mesmo lado em que as bebidas são servidas e os pratos usados retirados.

■ Serviço à russa

Segundo Aristides Pacheco (2000):

> [...] esta modalidade de serviço, como o próprio nome diz, deve sua origem aos imperadores russos, também conhecidos como *czares*, e foi introduzida na Europa Ocidental pelos diplomatas russos e por alguns chefes de cozinha e *maîtres d'hotel* que trabalhavam nessas cortes. É um tipo de serviço inadequado aos tempos modernos, por isso, praticamente extinto. Consiste em apresentar aos convidados e/ou clientes as travessas com grandes peças inteiras, como carnes, peixes e aves, que devem ser trinchadas e servidas à frente dos clientes.

COMO SERVIR BEBIDAS

Geralmente o serviço de bebidas é uma tarefa de responsabilidade dos garçons, mas sob a orientação de um *maître,* e em restaurantes ou *buffet* mais sofisticados, aparece também a figura do enólogo, que é a pessoa especialista em vinhos. A seguir apresenta-se um pequeno descritivo das funções de garçom e de *maître*.

O garçom é o profissional responsável por atender os clientes em um bar, café ou restaurante, anotar seus pedidos, servi-los, e, após a saída do cliente, retirar os restos de alimentos e bebidas da mesa e limpá-la, de modo que outra pessoa possa ocupá-la. O garçom também pode trabalhar em eventos e festas e, nesse caso, o profissional é responsável apenas por servir os convidados e recolher os copos e pratos já utilizados. O garçom deve garantir que não falte nada

ALIMENTOS E BEBIDAS (A&B): NOÇÕES BÁSICAS **113**

aos clientes ou convidados e que eles estejam satisfeitos com os produtos e serviços oferecidos pelo estabelecimento. Além do seu salário, o garçom ganha uma taxa de 10% que é inclusa na conta do cliente, como taxa de serviço, e as gorjetas que os clientes e/ou convidados queiram oferecer; ambas são opcionais.

As funções pertinentes ao cargo de *maître* são:

- Supervisionar os trabalhos desenvolvidos pelos garçons.
- Planejar as rotinas de trabalho em restaurantes, hotéis, bares e estabelecimentos similares.
- Comandar e treinar os funcionários.
- Observar o fluxo de atendimento aos clientes.
- Supervisionar a qualidade e a apresentação dos produtos oferecidos no estabelecimento.

Serviço de bebidas em eventos

Cada tipo de evento dispõe de um serviço definido de acordo com o seu perfil. Por exemplo:

- Em feiras – bebidas são servidas no estande. Dependendo do perfil, podem ser alcoólicas ou não.
- Em festas sociais – servem-se bebidas variadas durante o coquetel, e, se houver um almoço ou jantar, normalmente há um vinho que harmoniza com o cardápio para acompanhar os pratos servidos.
- Em eventos corporativos – se não for de caráter social, não são servidas bebidas alcoólicas.

Tipos de copos

Dependendo do tipo de bebida que será servida, é exigido um tipo de copo diferenciado para manter a qualidade do seu sabor e conservar seu aroma. A seguir apresentam-se vários tipos de copos sugeridos para diferentes bebidas:

- Copo para cerveja – deve ter a boca um pouco mais larga que a base, para formar a quantidade correta de espuma (o colarinho), que serve para manter a cerveja gelada por mais tempo.

- Taça para champanhe – deve ser uma taça fina e comprida. Além de charmosa, ela é ideal para o consumo desse tipo de bebida por conseguir reter por mais tempo as borbulhas de gás carbônico formadas ao servir o espumante ou champanhe.
- Taça para vinho – deve ter as seguintes características para conservar o sabor e a temperatura da bebida: ser de cristal fino e transparente, incolor, lisa, haste longa e com abertura da boca ligeiramente estreitada.
- Copo para conhaque – tem como característica principal a base larga e a boca estreita, isso para permitir que a mão aqueça a bebida e que o aroma não evapore, pois o conhaque é uma bebida muito instável.
- Copo ou taça para licor – o licor é uma bebida que, por ser muito doce, é servida como digestivo após as refeições em pequenas quantidades, possui alto teor alcoólico e pede um cálice pequeno, que já oferece a dose ideal para o consumo.
- Copo para uísque – deve ter o formato ideal para a colocação do gelo. É um copo baixo e largo para impedir que os ingredientes se acumulem no fundo, além de ressaltar os aromas dos componentes e do processo de envelhecimento da bebida.
- Copo para água – a água pode ser servida em qualquer tipo de copo, entretanto, por questões estéticas, para realçar uma mesa bonita, o ideal é servi-la em uma taça semelhante à taça de vinho, mas com a boca um pouco mais larga.

10

COMUNICAÇÃO E EXPRESSÃO, QUALIDADE DE VIDA E CONHECIMENTOS GERAIS

Segundo Houaiss (2001), "comunicação é o ato ou efeito de comunicar--se; ação de transmitir uma mensagem e eventualmente receber outra mensagem como resposta".

Atualmente, a comunicação tornou-se uma forma de poder que pode alterar o comportamento das sociedades. O profissional de recepção em eventos desempenhará o papel de comunicador, pois estará lidando com pessoas com as quais estabelecerá um canal de transmissão e recepção de mensagem.

Os principais meios de comunicação são: a fala, a visão, a audição, a escrita e as expressões faciais e/ou corporais.

FORMAS DE COMUNICAÇÃO

As principais formas de comunicação são a verbal e a não verbal, conforme apresenta-se a seguir:

- A comunicação verbal, que engloba a escrita e a oralidade.

A comunicação escrita é aquela que pode ser realizada por meio de instrumentos, como: cartas, livros, bilhetes, memorandos, comunicados, revistas, jornais, e-mails e outros.

A comunicação oral é aquela que é produzida pela boca, por meio da voz, como: ordens, pedidos, informações e outros.

A comunicação não verbal é realizada por meio de gestos e atitudes. Os principais tipos encontram-se abaixo:

- Mímica – maneira de expressar o pensamento por meio de gestos, expressões corporais e fisionômicas.
- Olhar – dirigir os olhos para alguém, algo ou para si, fitar pessoas. Nesse tipo de comunicação, as pessoas costumam se expressar e comunicar pelo olhar.
- Postura – é a posição espacial do corpo ou de uma de suas partes. Na comunicação, é a forma como nos comportamos, indicando coisas a nosso respeito.
- Gestos – movimento do corpo, das mãos, da cabeça, dos braços, muitas vezes voluntários ou involuntários, que demonstram o que a pessoa está sentindo ou pensando.

O PAPEL DA LINGUAGEM NA ATUAÇÃO DO PROFISSIONAL DE RECEPÇÃO EM EVENTOS

A linguagem a ser utilizada pelo profissional de recepção em eventos deve ser a mais formal e adequada possível, pois ele irá comunicar-se com os mais diversos tipos de pessoas e de várias nacionalidades também.

Ao expressar-se, o profissional de recepção em eventos deverá transmitir confiança, empatia, simpatia, bem como fazer uso de palavras positivas e não enganadoras, e nunca fazer uso de gírias.

Alguns lembretes:

- Expressões que demonstram confiança: "tenho certeza", "posso afirmar" e outras.
- Expressões de simpatia: cumprimentar amavelmente, usando "Bom dia", "Posso ajudá-lo em alguma coisa?", "Se precisar de mais alguma coisa nos procure, por gentileza".
- Expressões de empatia: são aquelas que possibilitam se identificar com a outra pessoa, de sentir o que ela sente, de querer o que ela quer, por exemplo: "Entendo sua posição, se estivesse no seu lugar".

- Expressões positivas: são aquelas que demonstram intenção ou disposição de colaborar e ser útil, como: "Vou torcer para que tudo dê certo", "Vamos melhorar nosso desempenho" e outras.

O que não usar:

- Gírias – são um tipo de linguagem informal caracterizada por um vocabulário jocoso, por exemplo: "Oi, cara, tudo bem?" ou "Ô, meu, esqueci de te avisar que...." e outras.
- Expressões repetitivas – que demonstram insegurança e pobreza de vocabulário, como: "né", "tá", "certo" e outras.
- Expressões íntimas – como "lindinho", "gatinha", "queridinha" e outras.
- Expressões vagas – que possibilitam diferentes interpretações, tais como: "pode ser", "talvez", "tanto faz" e outras.

FORMAS DE RECEBER E SER RECEBIDO

Existem várias formas de receber e tratar as pessoas quando elas chegam à recepção de um evento. As formas de receber e ser recebido estão atreladas geralmente à posição profissional que essas pessoas ocupam no mercado e às autoridades em geral.

Cabe lembrar que não se deve esquecer de utilizar as formas de tratamento existentes de maneira correta quando se elabora um convite formal ou quando se apresenta e/ou anuncia a presença dessa pessoa em um evento.

As formas de tratamento mais usuais são:

- Você – aquele a quem se fala ou se escreve, é uma contração da expressão "Vossa Mercê", que era utilizada para se dirigir às pessoas mais importantes.
- Senhor – funciona, na verdade, como um pronome pessoal, razão porque é classificado como pronome de tratamento, "pessoa que não é conhecida ou cujo nome não se deseja revelar" (Houaiss, 2001).

Segundo o Senac (2012), "senhor" é o principal pronome de tratamento consagrado universalmente e o único que as pessoas comuns devem usar como manifestação de respeito necessária. Não importa a quem esteja se dirigindo, deve-se dizer Senhor/Senhora, usando sempre o tratamento direto. Por exemplo, qualquer pessoa comum, ao se dirigir ao presidente da República, deve se expressar da seguinte forma "Senhor presidente". Essa mesma regra se aplica às outras autoridades.

- Doutor – deve ser empregado ao se dirigir a uma pessoa que é diplomada em curso superior de medicina; também aos magistrados judiciários que por disposição legal recebem esse título; ou àquele que em uma universidade foi promovido ao mais alto grau, depois de ter defendido tese em alguma disciplina. O termo doutor muitas vezes é utilizado de forma incorreta por pessoas comuns e sem instrução e/ou por funcionários mal preparados que associam a palavra a uma pessoa de nível social e/ou profissional superior.

Para saber mais sobre as diversas formas de tratamento, recomenda-se a leitura do *Manual de Redação do Ministério Público do Estado de Goiás: redação oficial, redação profissional, gramática* (2006).

DESENVOLVIMENTO SUSTENTÁVEL

O ponto de partida das discussões sobre desenvolvimento sustentável iniciou-se em 1972, com a Conferência de Estocolmo, que foi realizada pela Organização das Nações Unidas (ONU) em Estocolmo, na Suécia, e deu origem ao documento "Meio Ambiente Humano" ou "Declaração de Estocolmo".

A "Declaração de Estocolmo"[1] (anexo 01) contém 26 princípios, que se transformaram ao longo das décadas seguintes em elementos e metas de negociação para o desenvolvimento sustentável dos países desenvolvidos e em desenvolvimento.

A "Declaração de Estocolmo", em alguns dos seus princípios, afirma que:

O homem tem o direito fundamental à liberdade, à igualdade e ao desfrute de condições de vida adequadas em um meio ambiente de qualida-

---

[1] Disponível em: http://www.direitoshumanos.usp.br/index.php/meio-ambiente/declaração-de-estocolmo-sobre-o-ambiente-humano.html. Acessado em: 19 ago. 2012.

de tal que lhe permita levar uma vida digna e gozar de bem-estar, tendo a solene obrigação de proteger e melhorar o meio ambiente para as gerações presentes e futuras.

E também que:

> O homem tem a responsabilidade especial de preservar e administrar judiciosamente o patrimônio da flora e da fauna silvestres e seu hábitat, que se encontram atualmente, em grave perigo, devido a uma combinação de fatores adversos. Consequentemente, ao planificar o desenvolvimento econômico deve-se atribuir importância à conservação da natureza, incluídas a flora e a fauna silvestres.

Esses princípios mostram que ao mesmo tempo que o homem possui direitos, ele possui também responsabilidades em relação à preservação ambiental, portanto devendo ter no seu dia a dia um comportamento ético e cidadão, contribuindo, assim, para o bem comum.

Ainda como resultado da Conferência de Estocolmo, foi criado o Programa das Nações Unidas para o Meio Ambiente (Pnuma), na tentativa de levar a sociedade a ter maiores preocupações com o meio ambiente, isto é, "[...] foi dado um alerta que o planeta corria riscos com a crescente e irracional interferência do homem no meio ambiente", conforme afirma Fernando Almeida (Conselho, 2009).

As discussões sobre o tema continuam em vários eventos que são realizados para esse fim. Em 1987, a Comissão Mundial sobre Meio Ambiente e Desenvolvimento das Nações Unidas (conhecida como "Comissão Brundtland") recomendou a criação de uma declaração universal sobre proteção ambiental e desenvolvimento sustentável na forma de uma "nova carta" que estabelecerá os principais fundamentos desse desenvolvimento. Essa "nova carta" foi lançada oficialmente no ano 2000 em Paris, após muitas discussões, com o nome de "Carta da Terra" (Anexo 02), que no item "Responsabilidade Universal" afirma:

> [...] devemos decidir viver com um sentido de responsabilidade universal, identificando-nos com a comunidade terrestre como um todo, bem como com nossas comunidades locais. Somos, ao mesmo tempo, cidadãos de nações diferentes e de um mundo no qual as dimensões local e global estão ligadas.

> Cada um compartilha responsabilidade pelo presente e pelo futuro bem-estar da família humana e de todo o mundo dos seres vivos. O espírito de solidariedade humana e de parentesco com toda a vida é fortalecido quando vivemos com reverência o mistério da existência, com gratidão pelo dom da vida e com humildade em relação ao lugar que o ser humano ocupa na natureza.

Seguindo essa perspectiva de responsabilidade universal em relação à preservação, proteção e desenvolvimento sustentável, em 1997 é realizada em Kyoto, no Japão, a Conferência das Nações Unidas para o Meio Ambiente, que tratou das mudanças do clima. Esse evento deu origem a um documento denominado Protocolo de Kyoto, que sugeriu a 55 países industrializados que diminuíssem em 5,2% a emissão de gases poluentes no período de 2008 a 2012. Os Estados Unidos, um dos principais poluidores do planeta, recusaram-se a aderir, temendo que as medidas provocassem prejuízos à sua economia. O Protocolo de Kyoto foi aceito somente por 36% das nações sugeridas, isso adiou a sua implantação.

O documento foi ratificado em 1999, mas só passou a vigorar em 2005, após a Rússia rever a sua posição, o que atingiu a aceitação de 55% dos países que emitiam gases poluentes necessários para a sua validação.

Para atingir as metas sugeridas pelo Protocolo de Kyoto, algumas ações foram propostas, tais como:

- Aumento no uso de fontes de energia limpa (biocombustíveis, energia eólica, biomassa e solar).
- Proteção de florestas e outras áreas verdes.
- Otimização de sistemas de energia e transporte, visando ao consumo racional.
- Diminuição das emissões de metano, presentes em sistemas de depósito de lixo orgânico.
- Definição de regras para a emissão de créditos de carbono (certificados emitidos quando há a redução da emissão de gases poluentes).

As propostas de ações acima podem ser implementadas pelo mundo dos eventos, na sua contribuição com Responsabilidade Universal, citada na "Carta da Terra", por meio de práticas sustentáveis como:

- Coleta seletiva de resíduos para reaproveitamento e para reciclagem, que podem ser feitas por entidades e/ou organizações não governamentais (ONGs).
- Consumo de energia que poderá ser elétrica e também obtida por meio de geradores de óleo diesel e/ou misturado com biodiesel.
- Neutralizar a emissão de gás carbônico por meio do plantio de mudas de árvores.
- Utilizar redes sociais e e-mail marketing para divulgação do evento, evitando o uso de papel.
- Utilizar embalagens reutilizáveis.
- Evitar o desperdício de energia, água, papel e outros produtos.
- Outros.

A prática de atitudes sustentáveis em eventos ainda é muito recente no Brasil, data dos anos 2000, sendo as primeiras experiências realizadas em feiras, como: Couromoda (2007), Feiras de Brinquedos (Abrin 2008) e Expo Systems (2008).

SAÚDE E QUALIDADE DE VIDA

Saúde e qualidade de vida são direitos fundamentais do homem, conforme afirma a Declaração de Estocolmo (1972), no princípio 1, que diz:

> [...] O homem tem o direito fundamental à liberdade, à igualdade e ao desfrute de condições de vida adequadas em um meio ambiente de qualidade tal que lhe permita levar uma vida digna e gozar de bem-estar, tendo a solene obrigação de proteger e melhorar o meio ambiente para as gerações presentes e futuras.

Saúde

O conceito de saúde que diz que "saúde é o completo bem-estar físico, mental e social e não somente a ausência de afecções ou enfermidades", e que "o gozo do grau máximo de saúde que se alcançar é um dos direitos fundamen-

A ARTE DE RECEBER EM EVENTOS

tais do ser humano", foi estabelecido em 1948, quando foi criada a Organização Mundial da Saúde (Fiesp, 2003).

De acordo com Almeida Gouveia,[2] "a saúde passou então a ser mais um valor da comunidade que do indivíduo. É um direito fundamental da pessoa humana que deve ser assegurado sem distinção de raça, religião, ideologia política ou condição socioeconômica".

Viver com saúde não é uma tarefa fácil, mas também não é impossível, basta seguir alguns princípios básicos de vida social, que tudo pode se tornar muito mais fácil do que se possa imaginar.

Qualidade de vida

A expressão "qualidade de vida" foi pronunciada pela primeira vez em 1964 por Lyndon Johnson, presidente dos Estados Unidos na época, e apareceu relacionada à economia. Em seu discurso, o presidente afirmou que os objetivos da economia não podiam ser medidos por meio do balanço dos bancos, mas sim por meio da "qualidade de vida" que proporcionam às pessoas.

Após vários estudos, na década de 1990, a OMS define "qualidade de vida" como: "a percepção do indivíduo de sua posição na vida no contexto da cultura e sistema de valores nos quais ele vive e em relação aos seus objetivos, expectativas, padrões e preocupações".

A definição da OMS deixa claro a subjetividade existente na expressão "qualidade de vida"; a partir de então vários pesquisadores realizaram estudos a fim de facilitar o seu entendimento.

Em 1998, Giovanni Pires[3] afirmou que:

> Qualidade de Vida tem a ver com a forma como as pessoas vivem, sentem e compreendem o seu quotidiano. Compreende aspectos como a saúde, a educação, o transporte, a moradia, o trabalho e a participação nas decisões, em situações muito variadas como o atendimento digno em caso de doença e de acidente, o nível de escolaridade, o conforto e a pontualidade nas des-

---

2 Disponível em: http://www.alternativamedicina.com/medicina-tropical/conceito/saude. Acessado em: 19 ago. 2012.

3 Disponível em: http://www.vidadequalidade.org/conceito-de-qualidade-de-vida/. Acessado em: 20 ago. 2012.

locações, a alimentação em quantidade suficiente e em qualidade e até a posse de electrodomésticos.

Já Edgard Morin contradiz a linha de pensamento de Giovanni Pires sobre o tema qualidade de vida quando coloca sua posição sobre o que considera bem viver. Para Morin (2002: 27):

> [...] o bem viver pode parecer sinônimo de bem-estar. Mas, em nossa civilização, a noção de bem-estar reduziu-se a seu sentido material, o que implica conforto e posse de objetos e bens, sem comportar de maneira alguma o que é próprio do bem viver, o que serve à expansão pessoal, ou seja, as relações de amor e amizade, o sentido de comunidade. Sem dúvida alguma, hoje em dia, o bem viver deve incluir o bem-estar material, mas deve opor-se a uma concepção quantitativa, que acredita buscar e alcançar o bem-estar no sempre mais. Bem viver significa qualidade de vida, e não quantidade de bens. Ele engloba, antes de mais nada, o bem estar afetivo, psíquico e moral.

Isso nos permite dizer que o profissional de recepção, para poder desempenhar bem suas funções, deve gozar do bem viver na sua plenitude, isto é, estar bem nas suas relações afetivas, psíquicas e morais; ter qualidade de vida e não quantidade de bens. Ainda seguindo essa linha de pensamento, Morin (2002: 29-30) coloca que:

> [...] o bem viver pressupõe o desenvolvimento individual no seio das relações comunitárias. Nossas vidas são polarizadas entre uma parte prosaica, que suportamos sem alegria, por pressão ou obrigação, e outra poética, representada por tudo aquilo que nos confere plenitude, fervor e exaltação, parte essa que encontramos no amor, na amizade, nas comunicações coletivas, nas festas, nas danças, nos jogos. A prosa nos permite sobreviver. Mas viver é fazê-lo poeticamente.

As colocações sobre qualidade de vida e bem viver, que são temas bastante recentes, levam a uma reflexão sobre o quanto eles são importantes e podem influir no desempenho profissional de qualquer pessoa, não somente no profissional de recepção em eventos.

Para exercer as suas funções com qualidade, o profissional de recepção em eventos, além de conhecimentos técnicos inerentes à sua profissão, deve possuir também conhecimentos complementares, como cerimonial e protocolo, alimentos e bebidas, comunicação, conforme descrito anteriormente.

Outro aspecto importante que o profissional de recepção deve buscar é o seu desenvolvimento intelectual ou adquirir qualidades que possam beneficiar sua atuação profissional, isto é, conhecer sobre as ações que estão sendo realizadas para que as pessoas tenham atitudes sustentáveis, que consequentemente irão contribuir para melhorar a saúde e a qualidade de vida no planeta.

Princípios para a saúde[4]

Vejamos como não adoecer e ter qualidade de vida:

1 - Fale dos seus sentimentos

Emoções e sentimentos que são escondidos e reprimidos acabam em doenças como: gastrite, úlcera, dores lombares, dor na coluna.

Com o tempo, repressão de sentimentos degenera até chegar ao câncer. Vamos desabafar, confidenciar, partilhar intimidades, segredos e pecados.

Diálogos, falas, palavras são poderosos remédios, excelente terapia, porém, não o faça a qualquer pessoa. Procure uma pessoa de confiança.

2 - Tome decisões

A pessoa indecisa permanece na dúvida, na ansiedade e na angústia. A indecisão acumula problemas, preocupações e agressões. A história humana é feita de decisões. Para decidir é preciso saber renunciar, saber perder vantagens e valores pessoais.

As pessoas indecisas são vítimas de doenças nervosas, gástricas e problemas de pele.

3 - Busque soluções

Pessoas negativas não enxergam soluções e aumentam os problemas. Preferem a lamentação, a murmuração e o pessimismo. Somos o que pensamos.

4 - Não viva de aparências

Quem esconde a realidade, finge, faz pose, usa máscara, quer sempre dar impressão de que está bem, quer mostrar-se perfeito, "bonzinho", está acumu-

---

4 Adaptado do texto "Princípios para Saúde". Disponível em: http://www.montesiano.pro.br/estudos/celulas/celula290.html. Acessado em: 19 ago. 2012.

lando toneladas de peso, uma estátua de bronze com pés de barro. Nada pior para a saúde que viver de aparências e fachadas, ter muito verniz e pouca raiz. Seu destino é a farmácia, o hospital, a dor.

5 - Aceite-se

Rejeição a si próprio, a ausência de autoestima, faz com que sejamos algozes de nós mesmos. Ser eu mesmo é o núcleo de uma vida saudável. Os que não se aceitam são ciumentos, imitadores, competitivos, destruidores. Aceitar-se, aceitar ser aceito, aceitar as críticas é sabedoria, bom senso e terapia.

6 - Confie

Quem não confia não se comunica, não se abre, não se relaciona, não cria liames profundos, não sabe fazer amizades verdadeiras. Sem confiança não há relacionamento.

7 - Não viva triste

O bom humor, a risada, o lazer e a alegria recuperam a saúde e trazem vida longa. A pessoa alegre tem o dom de alegrar o ambiente em que vive. O bom humor nos salva das mãos do doutor. Alegria é saúde e terapia.

- **Conclusão –** São princípios simples, que se observados e cumpridos, gerarão qualidade de vida.

Seguindo a linha de pensamento das reflexões sobre saúde, percebe-se que direta ou indiretamente elas permeiam as discussões de desenvolvimento sustentável. Em 1986, na Conferência Internacional sobre Promoção da Saúde, foi apresentada a Carta de Ottawa, considerada um dos documentos mais importantes que se produziram no cenário mundial sobre o tema. A carta afirma que os recursos indispensáveis para se ter saúde são:

- Paz.
- Renda.
- Habitação.
- Educação.
- Alimentação adequada.
- Ambiente saudável.
- Recursos sustentáveis.

- Equidade.
- Justiça social.

Índice de desenvolvimento humano (IDH)

Para medir o desenvolvimento humano no mundo, isto é, para separar os países desenvolvidos dos em desenvolvimento, em 1990 foi criado pelo economista paquistanês Mahbub ul Haq, com a colaboração do economista indiano Amartya Sen, ganhador do Prêmio Nobel de Economia de 1998, o Índice de Desenvolvimento Humano (IDH), que vem sendo utilizado pelo Programa das Nações Unidas para o Desenvolvimento (PNUD) na realização dos seus relatórios anuais.

O IDH é calculado com base em dados econômicos e sociais e vai de 0 (zero) – nenhum desenvolvimento humano – a 1 (um) – desenvolvimento humano total. No cálculo do IDH são computados os seguintes aspectos:

- Educação – anos médios de estudos.
- Longevidade – expectativa de vida da população.
- Produto interno bruto per capita – renda.

O IDH, segundo o PNUD,[5] "não abrange todos os aspectos de desenvolvimento e não é uma representação da 'felicidade' das pessoas, nem indica 'o melhor lugar no mundo para se viver'". Democracia, participação, equidade, sustentabilidade são outros dos muitos aspectos do desenvolvimento humano que não são contemplados no IDH.

O IDH não deve ser utilizado para medir desenvolvimento sustentável, saúde e qualidade de vida, apesar de considerar no seu cálculo aspectos referentes a esses temas, como educação, renda e longevidade.

Como apresentado acima, pode-se perceber que os temas desenvolvimento sustentável, saúde e qualidade de vida têm gerado discussões ao longo dos tempos que buscam chegar em propostas efetivas, mas essas discussões têm ocorrido de maneira paralela, sem o aproveitamento eficiente desses resultados já obtidos.

O objetivo principal em relação a esses temas não é somente informar aos profissionais de recepção da sua existência, mas estimular a sua reflexão sobre

---

5   Disponível em: http://www.pnud.org.br/IDH/IDH.aspx?indiceAccordion=0&li=li_IDH. Acessado: em 20 ago. 2012.

eles, isto é, como esses temas estão presentes na sua vida, no seu dia a dia e, principalmente, como eles permeiam a sua atividade profissional.

Para encerrar essa parte relacionada ao desenvolvimento profissional com qualidade nada melhor que Carlos Drummond de Andrade, com o poema "Missão do Corpo":

> Claro que o corpo não é feito só para sofrer,
> mas para sofrer e gozar.
> Na inocência do sofrimento
> como na inocência do gozo,
> o corpo se realiza, vulnerável
> e solene.
>
> Salve, meu corpo, minha estrutura de viver
> e de cumprir os ritos do existir!
> Amo tuas imperfeições e maravilhas,
> amo-as com gratidão, pena e raiva intercadentes.
> Em ti me sinto dividido, campo de batalha
> sem vitória para nenhum lado
> e sofro e sou feliz
> na medida do que acaso me ofereças.
>
> Será mesmo acaso,
> será lei divina ou dragonária
> que me parte e reparte em pedacinhos?
> Meu corpo, minha dor,
> Meu prazer e transcendência,
> És afinal meu ser inteiro e único.

O poema acima retrata de forma simples e poética todos os anseios que as pessoas enfrentam, as lutas que são travadas para terem uma existência digna, gozar de bem-estar, que indiretamente gerará a obrigação de proteger e melhorar o meio ambiente para as gerações presentes e futuras.

CONHECIMENTOS GERAIS

Sobre conhecimentos gerais, é importante que o profissional de recepção possua conhecimentos sobre seu país e o mundo para que possa se comunicar com as pessoas. Isto é, saber que o país está dividido em cinco regiões político-

-administrativas, quais são os seus estados, que tem um Distrito Federal e suas capitais. Ainda nessa linha de formação geral não esquecer de conhecer um pouco sobre a cultura do Brasil, das diversas regiões e estados, e também informar-se sobre relevo, clima, temperatura, aeroportos e outros. A seguir, encontra-se um mapa do Brasil com as divisões das regiões político-administrativas, os estados, o Distrito Federal e as respectivas capitais.

Figura 10.1 – *Mapa do Brasil.*
Disponível em: http://www.mapadobrasil.net.br/mapa-politico-regioes-do-brasil.php.

Como já mencionado na Parte II, Capítulo 5, no item Perfil do Profissional de Recepção em Eventos, o profissional de recepção em eventos deve estar muito bem informado sobre tudo que acontece na sua cidade em termos de atrativos turísticos, restaurantes, teatro, shows, casas noturnas, partidas de futebol, locais para compra e outros.

Deve procurar saber também sobre os continentes, os principais países e capitais e as alterações, isto é, as divisões que ocorreram com a queda dos regimes econômico, socialista e o político de partido único no Leste Europeu, a partir do final dos anos de 1980.

Outro lembrete

Estar sempre atento aos acontecimentos políticos, sociais e culturais do mundo, do país, do seu estado e principalmente da cidade sede do evento.

CONSIDERAÇÕES FINAIS

Para os profissionais de recepção em eventos já atuantes, e para aqueles que queiram iniciar na profissão, o conteúdo desse livro traz informações que acredito somar à formação que já possuem, e consequentemente contribuirá no desempenho das suas funções.

De acordo com Houaiss (2001), recepção é o "ato ou efeito de receber; modo de receber; acolhimento; ação ou efeito de receber alguém pela primeira vez, de acordo com certo cerimonial, especialmente em agremiações literárias e científicas".

O ato de recepcionar faz parte do dia a dia de qualquer pessoa que vive em sociedade. Mas, para que essa atividade seja revestida de cunho profissional e desempenhada com qualidade, o profissional de recepção em geral, e principalmente o profissional de recepção em eventos, deve possuir qualificação técnica e também possuir conhecimentos complementares.

Portanto, sugere-se que o profissional de recepção em eventos busque informações sobre temas que possam interferir direta ou indiretamente nos tipos de eventos e nas funções que desempenha, pois isso só acrescentará e o qualificará na sua profissão.

REFERÊNCIAS BIBLIOGRÁFICAS

BRASIL. Ministério da Indústria e Comércio. *Feiras e Exposições*. Brasília, s.d.

_____. Ministério da Educação. *Segurança e Saúde no Trabalho*. Brasília, 2006.

_____. Ministério das Relações Exteriores. *Lei n. 5.700, de 1 de setembro de 1971*.

BUENDÍA, Juan Manuel. *Organizacion de reuniones, convenciones, congresos e seminarios*. México: Trillas, 1991.

CARVALHO, Marcelino. *Guia das Boas Maneiras*. São Paulo: Nacional, 1987.

CESCA, Cleuza G. Gimenez. *Organização de Eventos: manual para planejamento e execução*. São Paulo: Summus, 1997.

COSTA, Aloysio Teixeira. *Como Organizar Congressos e Convenções*. São Paulo: Nobel, 1989.

[FIESP] FEDERAÇÃO DAS INDÚSTRIAS DO ESTADO DE SÃO PAULO. *Legislação de Segurança e Medicina no Trabalho - Manual Prático*. São Paulo, 2003.

FÚSTER, Luís Fernández . *Introducción a la teoria y técnica del turismo*. Madrid: Alianza, 1985.

GIÁCOMO, Cristina. *Tudo acaba em festa*. São Paulo: Página Aberta, 1993.

GOMES, Sara. *Guia de Cerimonial: do Trivial ao Formal*. Brasília: Lge, 1998.

HESSEL, S.; MORIN, E. *O Caminho da esperança* (Tradução: Edgard de Assis Carvalho e Mariza Perassi Bosco. Rio de Janeiro: Bertrand Brasil, 2002.

HOUAISS, Antonio. *Dicionário Houaiss da Língua Portuguesa*. Rio de Janeiro: Objetiva, 2001.

[ICCA] INTERNATIONAL CONGRESS AND CONVENTION ASSOCIATION. *Statistics Report 2000 - 2010*. Amsterdam, 2011.

_____. *Statistics Report 2011*. Amsterdam, 2012.

LINS, Augusto Estellita. *Etiqueta, Protocolo e Cerimonial*. Brasília – DF: Linha Gráfica Editora, 1991.

LUKOWER, Ana. *Cerimonial e Protocolo.* São Paulo: Contexto, 2003.

LUZ, Olenka Ramalho. *Cerimonial e Protocolo e Etiqueta – Uma Introdução ao Cerimonial do Mercosul: Argentina e Brasil.* São Paulo: Saraiva, 2005.

MAGALON, Tonatiuh Cravioto. *Organizacion de congressos y convenciones.* México: Trillas, 1991.

MATIAS, Marlene. *Organização de eventos: procedimentos e técnicas.* 5. ed. Barueri: Manole, 2013.

MATIAS, Marlene; MELLO, Armando A. P. de C. Desenvolvimento Sustentável e Gestão Sócioambiental em Feiras. In: *Planejamento, organização e sustentabilidade em eventos culturais, sociais e esportivos.* Barueri: Manole, 2011.

MELO NETO, Francisco Paulo de. *Marketing de Eventos.* Rio de Janeiro: Sprint, 1999.

OLIVEIRA, J. B. *Como Promover Eventos: Cerimonial e Protocolo na Prática.* São Paulo: Madras Editora, 2000.

PACHECO, A. O. *Manual de Serviço de Garçom.* São Paulo: Ed. Senas/SP, 2000.

POIT, Davi Rodrigues. *Organização de Eventos Esportivos.* São Paulo: Phorte, 2004.

SENAC SÃO PAULO. *Recepcionista de Eventos* (Apostila). São Paulo, 1994.

_____. *Eventos Estratégias Organizacionais* (Apostila). São Paulo, 1995.

_____. *Organização de Eventos.* São Paulo, 2007.

_____. *Recepcionista de Eventos* (Apostila). Guarulhos, 2012.

SILVA, Fátima. *Recepção em Eventos* (Apostila). São Paulo, 1994.

SIMÕES, Roberto Porto. *Relações Públicas: função política.* São Paulo: Summus, 1995.

VELOSO, Dirceu. *Organização de Eventos e Solenidades.* Goiânia: AB, 2001.

SITES

ANDRADE. Carlos D. Missão do Corpo. Disponível em: http://criacaoabertaantistatusquo.blogspot.com.br/2012/04/missao-do-corpo-de-carlos=drummond-de.html. Acessado em: 20 ago. 2012.

BRASIL. MINISTÉRIO DO TURISMO. Copa de 2014 - Seminário Embarque no Turismo, Brasília, 09 de junho de 2010. Disponível em: http://www.turismo.gov.br/seminario_embarque_no_turismo_DF_09. Acessado em: 06 jul. 2012.

_____. MINISTÉRIO DO TRABALHO E EMPREGO. 4221 - Recepcionistas. Disponível em: http://www3.mte.gov.br/trab_temp/default.asp. Acessado em: 04 nov. 2012.

_____. MINISTÉRIO DO TRABALHO E EMPREGO. Código Brasileiro de Ocupações. Disponível em: http://www.mtecob.gov.br/cbosite/pages/home.jsf. Acessado em: 04 nov. 2012.

REFERÊNCIAS BIBLIOGRÁFICAS **135**

COMITÊ ORGANIZADOR LOCAL. *História da Jornada: conheça as Jornadas Mundiais da Juventude.* Disponível em: http://www.jmjbrasil.com.br/jmj/index.php. Acessado em: 02 jul. 2012.

CONSELHO INTERNACIONAL DO FSM. *Histórico do Processo do FSM.* Disponível em: http://www.forumsocialmundial.org.br/main.php?id_menu=2&cd_language=1. Acessado em: 02 jul. 2012.

GALLIAN, D. M. C. *A desumanização do comer.* Disponível em: http://www.scielo.br/scielo.php?script=sci_arttext&pid=S0103-40142007000200015. Acessado em: 16 nov. 2012.

GOLDEN GOAL SPORTS VENTURES LTDA. *Calculando o Impacto Econômico de Megaeventos Esportivos.* Disponível em: http://www.goldengoal.com.br/br/index.htm. Acessado em: 10 maio 2009.

GUERRA, Marcio de O. *Cerimonial em eventos.* Disponível em: http://www.ufjf.br/marcio_guerra/ensino/disciplinas-primeiro-semestre-2012/cerimonial-e-eventos/. Acessado em: 15 nov. 2012.

MIRANDA, Fernanda. *A Importância da Imagem Pessoal no Mundo do Trabalho.* Disponível em: http://www.vivaitabira.co.br/viva-colunas/index.php?Idcoluna=80. Acessado em: 07 out. 2012.

ORGANIZAÇÃO MUNDIAL DA SAÚDE. *Conceito de Saúde segundo a OMS.* Disponível em: http://www.alternativamedicina.com/medicina-tropical/conceito-saude. Acessado em: 19 nov. 2012.

[PNUD] PROGRAMA DAS NAÇÕES UNIDAS PARA O DESENVOLVIMENTO. *Desenvolvimento Humano e IDH.* Disponível em: http://www.pnud.org.br/IDH/IDH.aspx?indiceeAccordion=0&li=li_IDH. Acessado em: 20 ago. 2012.

PIO XII. *Discursos de Pio XII - 1939.* Disponível em: http://www.vatican.va/holy_father/benedict_xvi/speeches/2009/december/documents/hf_ben-xvi_spe_20091217_ambassador-latvia_po.html. Acessado em: 15 nov. 2012.

ANEXOS

ANEXO 1

OS PRINCÍPIOS DA DECLARAÇÃO DE ESTOCOLMO[1]

1 - O homem tem o direito fundamental à liberdade, à igualdade e ao desfrute de condições de vida adequadas em um meio ambiente de qualidade tal que lhe permita levar uma vida digna e gozar de bem-estar, tendo a solene obrigação de proteger e melhorar o meio ambiente para as gerações presentes e futuras. A esse respeito, as políticas que promovem ou perpetuam o *apartheid*, a segregação racial, a discriminação, a opressão colonial e outras formas de opressão e de dominação estrangeira são condenadas e devem ser eliminadas.

2 - Os recursos naturais da terra incluídos o ar, a água, a terra, a flora e a fauna e especialmente amostras representativas dos ecossistemas naturais devem ser preservados em benefício das gerações presentes e futuras, mediante uma cuidadosa planificação ou ordenamento.

3 - Deve-se manter, e sempre que possível, restaurar ou melhorar a capacidade da terra em produzir recursos vitais renováveis.

4 - O homem tem a responsabilidade especial de preservar e administrar judiciosamente o patrimônio da flora e da fauna silvestres e seu habitat, que se encontram atualmente em grave perigo devido a uma combinação de fatores adversos. Consequentemente, ao planificar o desenvolvimento econômico deve-se atribuir importância à conservação da natureza, incluídas a flora e a fauna silvestres.

---

1 Disponível em: http://www.direitoshumanos.usp.br/index.php/meio-ambiente/declaração-de-estocolmo-sobre-o-ambiente-humano.html. Acessado em: 19 ago. 2012.

5 - Os recursos não renováveis da terra devem empregar-se de forma que se evite o perigo de seu futuro esgotamento e se assegure que toda a humanidade compartilhe dos benefícios de sua utilização.

6 - Deve-se por fim à descarga de substâncias tóxicas ou de outros materiais que liberam calor, em quantidades ou concentrações tais que o meio ambiente não possa neutralizá-los, para que não se causem danos graves e irreparáveis aos ecossistemas. Deve-se apoiar a justa luta dos povos de todos os países contra a poluição.

7 - Os Estados deverão tomar todas as medidas possíveis para impedir a poluição dos mares por substâncias que possam por em perigo a saúde do homem, os recursos vivos e a vida marinha, menosprezar as possibilidades de derramamento ou impedir outras utilizações legítimas do mar.

8 - O desenvolvimento econômico e social é indispensável para assegurar ao homem um ambiente de vida e trabalho favorável e para criar na terra as condições necessárias de melhoria da qualidade de vida.

9 - As deficiências do meio ambiente originárias das condições de subdesenvolvimento e os desastres naturais colocam graves problemas. A melhor maneira de saná-los está no desenvolvimento acelerado, mediante a transferência de quantidades consideráveis de assistência financeira e tecnológica que complementem os esforços internos dos países em desenvolvimento e a ajuda oportuna que possam requerer.

10 - Para os países em desenvolvimento, a estabilidade dos preços e a obtenção de ingressos adequados dos produtos básicos e de matérias-primas são elementos essenciais para o ordenamento do meio ambiente, já que há de se ter em conta os fatores econômicos e os processos ecológicos.

11 - As políticas ambientais de todos os Estados deveriam estar encaminhadas para aumentar o potencial de crescimento atual ou futuro dos países em desenvolvimento e não deveriam restringir esse potencial nem colocar obstáculos à conquista de melhores condições de vida para todos. Os Estados e as organizações internacionais deveriam tomar disposições pertinentes, com vistas a chegar a um acordo, para se poder enfrentar as consequências econômicas que poderiam resultar da aplicação de medidas ambientais, nos planos nacional e internacional.

12 - Recursos deveriam ser destinados para a preservação e melhoramento do meio ambiente, tendo em conta as circunstâncias e as necessidades especiais dos países em desenvolvimento e gastos que pudessem originar a inclusão de medidas de conservação do meio ambiente em seus planos de

ANEXOS **139**

desenvolvimento, bem como a necessidade de oferecer-lhes, quando solicitado, mais assistência técnica e financeira internacional com esse fim.

13 - Com o fim de se conseguir um ordenamento mais racional dos recursos e melhorar assim as condições ambientais, os Estados deveriam adotar um enfoque integrado e coordenado de planejamento de seu desenvolvimento, de modo que fique assegurada a compatibilidade entre o desenvolvimento e a necessidade de proteger e melhorar o meio ambiente humano em benefício de sua população.

14 - O planejamento racional constitui um instrumento indispensável para conciliar as diferenças que possam surgir entre as exigências do desenvolvimento e a necessidade de proteger e melhorar o meio ambiente.

15 - Deve-se aplicar o planejamento aos assentamentos humanos e à urbanização com vistas a evitar repercussões prejudiciais ao meio ambiente e a obter os máximos benefícios sociais, econômicos e ambientais para todos. A esse respeito devem-se abandonar os projetos destinados à dominação colonialista e racista.

16 - Nas regiões onde exista o risco de que a taxa de crescimento demográfico ou as concentrações excessivas de população prejudiquem o meio ambiente ou o desenvolvimento, ou onde, a baixa densidade de população possa impedir o melhoramento do meio ambiente humano e limitar o desenvolvimento, deveriam ser aplicadas políticas demográficas que respeitassem os direitos humanos fundamentais e contassem com a aprovação dos governos interessados.

17 - Deve-se confiar às instituições nacionais competentes a tarefa de planejar, administrar ou controlar a utilização dos recursos ambientais dos estados, com o fim de melhorar a qualidade do meio ambiente.

18 - Como parte de sua contribuição ao desenvolvimento econômico e social, deve-se utilizar a ciência e a tecnologia para descobrir, evitar e combater os riscos que ameaçam o meio ambiente, para solucionar os problemas ambientais e para o bem comum da humanidade.

19 - É indispensável um esforço para a educação em questões ambientais, dirigida tanto às gerações jovens como aos adultos e que preste a devida atenção ao setor da população menos privilegiado, para fundamentar as bases de uma opinião pública bem informada, e de uma conduta dos indivíduos, das empresas e das coletividades inspirada no sentido de sua responsabilidade sobre a proteção e melhoramento do meio ambiente em toda sua dimensão humana. É igualmente essencial que os meios de comunicação de massa evitem contribuir para a deterioração do meio am-

biente humano e, ao contrário, difundam informação de caráter educativo sobre a necessidade de protegê-lo e melhorá-lo, a fim de que o homem possa desenvolver-se em todos os aspectos.

20 - Devem-se fomentar em todos os países, especialmente nos países em desenvolvimento, a pesquisa e o desenvolvimento científicos referentes aos problemas ambientais tanto nacionais como multinacionais. Nesse caso, o livre intercâmbio de informação científica atualizada e de experiência sobre a transferência deve ser objeto de apoio e de assistência, a fim de facilitar a solução dos problemas ambientais. As tecnologias ambientais devem ser postas à disposição dos países em desenvolvimento de forma a favorecer sua ampla difusão, sem que constituam uma carga econômica para esses países.

21 - Em conformidade com a Carta das Nações Unidas e com os princípios de direito internacional, os Estados têm o direito soberano de explorar seus próprios recursos em aplicação de sua própria política ambiental e a obrigação de assegurar-se de que as atividades que se levem a cabo, dentro de sua jurisdição, ou sob seu controle, não prejudiquem o meio ambiente de outros Estados ou de zonas situadas fora de toda a jurisdição nacional.

22 - Os Estados devem cooperar para continuar desenvolvendo o direito internacional no que se refere à responsabilidade e à indenização às vítimas da poluição e de outros danos ambientais que as atividades realizadas dentro da jurisdição ou sob o controle de tais Estados causem à zonas fora de sua jurisdição.

23 - Sem prejuízo dos critérios de consenso da comunidade internacional e das normas que deverão ser definidas em nível nacional, em todos os casos será indispensável considerar os sistemas de valores prevalecentes em cada país, e a aplicabilidade de normas que, embora válidas para os países mais avançados, possam ser inadequadas e de alto custo social para países em desenvolvimento.

24 - Todos os países, grandes e pequenos, devem ocupar-se com espírito e cooperação e em pé de igualdade das questões internacionais relativas à proteção e melhoramento do meio ambiente. É indispensável cooperar para controlar, evitar, reduzir e eliminar eficazmente os efeitos prejudiciais que as atividades que se realizem em qualquer esfera, possam ter para o meio ambiente, mediante acordos multilaterais ou bilaterais, ou por outros meios apropriados, respeitados a soberania e os interesses de todos os estados.

25 - Os Estados devem assegurar-se de que as organizações internacionais realizem um trabalho coordenado, eficaz e dinâmico na conservação e no melhoramento do meio ambiente.

26 - É preciso livrar o homem e seu meio ambiente dos efeitos das armas nucleares e de todos os demais meios de destruição em massa. Os Estados devem se esforçar para chegar logo a um acordo – nos órgãos internacionais pertinentes – sobre a eliminação e a destruição completa de tais armas.

ANEXO 2

LINHA DO TEMPO DA INICIATIVA DA CARTA DA TERRA

1987	A Comissão Mundial sobre Meio Ambiente e Desenvolvimento das Nações Unidas (conhecida como "Comissão Brundtland") recomenda a criação de uma declaração universal sobre proteção ambiental e desenvolvimento sustentável na forma de uma "nova carta" que estabelecerá os principais fundamentos do desenvolvimento sustentável.
1992	A Cúpula da Terra no Rio de Janeiro indica como meta, entre outras, criar uma Carta da Terra aceita internacionalmente. Entretanto, os governos não chegam a um acordo e adotam a Declaração do Rio de Janeiro sobre Meio Ambiente e Desenvolvimento Sustentável em lugar da Carta. Sob a liderança de Maurice Strong (secretário-geral da Cúpula do Rio), é criado o Conselho da Terra para promover a implantação dos acordos gerados na Cúpula da Terra e para defender a formação de conselhos nacionais de desenvolvimento sustentável.
1994	Maurice Strong (presidente do Conselho da Terra) e Mikhail Gorbachev (presidente da Cruz Verde Internacional) lançam uma iniciativa da sociedade civil para redigir uma Carta da Terra. O governo da Holanda fornece o suporte financeiro inicial.
1995	O Conselho da Terra e a Cruz Verde Internacional iniciam consultas internacionais para desenvolver uma Carta da Terra dos povos. Especialistas internacionais e representantes governamentais reúnem-se no *workshop* da Carta da Terra em Haia. O Conselho da Terra é indicado como a Secretaria Internacional da Iniciativa da Carta da Terra.

142 A ARTE DE RECEBER EM EVENTOS

1996
O Conselho da Terra inicia um processo de consulta da Carta da Terra em preparação para o Fórum Rio+5. É feita uma pesquisa dos princípios das leis internacionais relevantes para a Carta da Terra e seu resumo é divulgado. No final do ano, o Conselho da Terra e a Cruz Verde Internacional formam uma Comissão Independente da Carta da Terra para supervisionar o processo de redação e criam um comitê específico.

1997
A Comissão da Carta da Terra convoca sua primeira reunião durante o Fórum Rio+5 no Rio de Janeiro. Ao final do Fórum, um texto de referência é liberado, como um "documento em processo". A continuidade das consultas internacionais é encorajada e organizada.

1998
Vários grupos se juntam à Iniciativa da Carta da Terra e formam comitês nacionais da Carta da Terra em 35 países. Esses grupos, assim como vários outros, empreendem consultas sobre o texto de referência e passam a usá-lo como uma ferramenta educacional.

1998
Um segundo texto de referência é liberado em abril e continua a consulta internacional. O número de comitês nacionais cresce para 45.

2000
Em março, a Comissão da Carta da Terra se reúne em Paris, França, para acordo sobre a versão final do documento. O lançamento público oficial da Carta da Terra acontece em junho, no Palácio da Paz em Haia. É formado um Comitê Diretivo da Carta da Terra para supervisionar a próxima fase da Iniciativa. As principais metas são promover a disseminação, subscrição e implementação da Carta da Terra pela sociedade civil, empresas e governos e suportar o uso educacional da Carta da Terra em escolas, universidades e outras estruturas de ensino.

2001
A Iniciativa da Carta da Terra esforça-se para assegurar o endosso da Carta da Terra pela Cúpula Mundial sobre Desenvolvimento Sustentável em Johannesburg. Durante a Cúpula, vários líderes de governos e ONGs declaram apoio à Carta da Terra, mas o reconhecimento formal pelas Nações Unidas não se viabiliza.

2005	A esta altura, a Carta da Terra já foi traduzida em 32 línguas, amplamente disseminada pelo mundo, e subscrita por mais de 2.400 organizações, incluindo Unesco, IUCN (União Internacional para a Conservação da Natureza) e Iclei (Conselho Internacional para Iniciativas Ambientais Locais). Ocorre uma revisão estratégica das atividades internas e externas da Iniciativa da Carta da Terra no período de 2000 a 2005. O grande encontro Carta da Terra +5 acontece em novembro em Amsterdã. Neste evento, a revisão estratégica dos 5 anos é concluída, as realizações são celebradas e são feitos planos para a próxima fase da Iniciativa.
2006	É constituído um novo Conselho Internacional da Carta da Terra, com 23 membros para substituir o Comitê Diretivo e supervisionar os programas centrais e a Secretaria. O Conselho juntamente com a Secretaria são reorganizados como Carta da Terra Internacional.
2008	Atualmente, a Carta da Terra já foi traduzida para 40 línguas e subscrita por 4.600 organizações, e representa os interesses de centenas de milhares de pessoas. O Conselho da Carta da Terra Internacional adota um novo plano estratégico de longo prazo que enfatiza a expansão descentralizada da iniciativa. São criados seis novos grupos de trabalho para promover a expansão descentralizada em áreas como negócios, educação, mídia, religião, Nações Unidas e juventude.

ANEXO 3

O TEXTO DA CARTA DA TERRA

PREÂMBULO

Estamos diante de um momento crítico na história da Terra, numa época em que a humanidade deve escolher o seu futuro. À medida que o mundo torna-se cada vez mais interdependente e frágil, o futuro reserva, ao mesmo tempo, grande perigo e grande esperança. Para seguir adiante, devemos reconhecer que, no meio de uma magnífica diversidade de culturas e formas de vida, somos uma família humana e uma comunidade terrestre com um destino comum. Devemos nos juntar para gerar uma sociedade sustentável global fundada no respeito pela natureza, nos direitos humanos universais, na justiça econômica e numa cultura da paz. Para chegar a esse propósito, é imperativo que nós, os povos da Terra, declaremos nossa responsabilidade uns para com os outros, com a grande comunidade de vida e com as futuras gerações.

TERRA, NOSSO LAR

A humanidade é parte de um vasto universo em evolução. A Terra, nosso lar, é viva como uma comunidade de vida incomparável. As forças da natureza fazem da existência uma aventura exigente e incerta, mas a Terra providenciou as condições essenciais para a evolução da vida. A capacidade de recuperação da comunidade de vida e o bem-estar da humanidade dependem da preservação de uma biosfera saudável com todos seus sistemas ecológicos, uma rica variedade de plantas e animais, solos férteis, águas puras e ar limpo. O meio ambiente global com seus recursos finitos é uma preocupação comum de todos os povos. A proteção da vitalidade, diversidade e beleza da Terra é um dever sagrado.

A SITUAÇÃO GLOBAL

Os padrões dominantes de produção e consumo estão causando devastação ambiental, esgotamento dos recursos e uma massiva extinção de espécies. Comunidades estão sendo arruinadas. Os benefícios do desenvolvimento não estão sendo divididos equitativamente e a diferença entre ricos e pobres está aumentando. A injustiça, a pobreza, a ignorância e os conflitos violentos têm aumentado e são causas de grande sofrimento. O crescimento sem precedentes da população humana tem sobrecarregado os sistemas ecológico e social. As bases da segurança global estão ameaçadas. Essas tendências são perigosas, mas não inevitáveis.

DESAFIOS FUTUROS

A escolha é nossa: formar uma aliança global para cuidar da Terra e uns dos outros ou arriscar a nossa destruição e a da diversidade da vida. São necessárias mudanças fundamentais em nossos valores, instituições e modos de vida. Devemos entender que, quando as necessidades básicas forem supridas, o desenvolvimento humano será primariamente voltado a ser mais e não a ter mais. Temos o conhecimento e a tecnologia necessários para abastecer a todos e reduzir nossos impactos no meio ambiente. O surgimento de uma sociedade civil global está criando novas oportunidades para construir um mundo democrático e humano. Nossos desafios ambientais, econômicos, políticos, sociais e espirituais estão interligados e juntos podemos forjar soluções inclusivas.

RESPONSABILIDADE UNIVERSAL

Para realizar estas aspirações, devemos decidir viver com um sentido de responsabilidade universal, identificando-nos com a comunidade terrestre como um todo, bem como com nossas comunidades locais. Somos, ao mesmo tempo, cidadãos de nações diferentes e de um mundo no qual as dimensões local e global estão ligadas. Cada um compartilha responsabilidade pelo presente e pelo futuro bem-estar da família humana e de todo o mundo dos seres vivos. O espírito de solidariedade humana e de parentesco com toda a vida é fortalecido quando vivemos com reverência o mistério da existência, com gratidão pelo dom da vida e com humildade em relação ao lugar que o ser humano ocupa na natureza.

Necessitamos com urgência de uma visão compartilhada de valores básicos para proporcionar um fundamento ético à comunidade mundial emergente. Portanto, juntos na esperança, afirmamos os seguintes princípios, interdependentes, visando a um modo de vida sustentável como padrão comum, através dos quais a conduta de todos os indivíduos, organizações, empresas, governos e instituições transnacionais será dirigida e avaliada.

PRINCÍPIOS

I. RESPEITAR E CUIDAR DA COMUNIDADE DE VIDA

1 - Respeitar a Terra e a vida em toda sua diversidade.

    a - Reconhecer que todos os seres são interdependentes e cada forma de vida tem valor, independentemente de sua utilidade para os seres humanos.

b - Afirmar a fé na dignidade inerente de todos os seres humanos e no potencial intelectual, artístico, ético e espiritual da humanidade.

2 - Cuidar da comunidade da vida com compreensão, compaixão e amor.

a - Aceitar que, com o direito de possuir, administrar e usar os recursos naturais, vem o dever de prevenir os danos ao meio ambiente e de proteger os direitos das pessoas.

b - Assumir que, com o aumento da liberdade, dos conhecimentos e do poder, vem a maior responsabilidade de promover o bem comum.

3 - Construir sociedades democráticas que sejam justas, participativas, sustentáveis e pacíficas.

a - Assegurar que as comunidades em todos os níveis garantam os direitos humanos e as liberdades fundamentais e proporcionem a cada pessoa a oportunidade de realizar seu pleno potencial.

b - Promover a justiça econômica e social, propiciando a todos a obtenção de uma condição de vida significativa e segura, que seja ecologicamente responsável.

4 - Assegurar a generosidade e a beleza da Terra para as atuais e às futuras gerações.

a - Reconhecer que a liberdade de ação de cada geração é condicionada pelas necessidades das gerações futuras.

b - Transmitir às futuras gerações valores, tradições e instituições que apoiem a prosperidade das comunidades humanas e ecológicas da Terra a longo prazo.

II. INTEGRIDADE ECOLÓGICA

5 - Proteger e restaurar a integridade dos sistemas ecológicos da Terra, com especial atenção à diversidade biológica e aos processos naturais que sustentam a vida.

a - Adotar, em todos os níveis, planos e regulamentações de desenvolvimento sustentável que façam com que a conservação e a reabilitação ambiental sejam parte integral de todas as iniciativas de desenvolvimento.

b - estabelecer e proteger reservas naturais e da biosfera viáveis, incluindo terras selvagens e áreas marinhas, para proteger os sistemas de sustento à vida da Terra, manter a biodiversidade e preservar nossa herança natural.

c - Promover a recuperação de espécies e ecossistemas ameaçados.

d - Controlar e erradicar organismos não nativos ou modificados geneticamente que causem dano às espécies nativas e ao meio ambiente e impedir a introdução desses organismos prejudiciais.

e - Administrar o uso de recursos renováveis como água, solo, produtos florestais e vida marinha de forma que não excedam as taxas de regeneração e que protejam a saúde dos ecossistemas.

f - Administrar a extração e o uso de recursos não renováveis, como minerais e combustíveis fósseis, de forma que minimizem o esgotamento e não causem dano ambiental grave.

6 - Prevenir o dano ao ambiente como o melhor método de proteção ambiental e, quando o conhecimento for limitado, assumir uma postura de precaução.

a - Agir para evitar a possibilidade de danos ambientais sérios ou irreversíveis, mesmo quando o conhecimento científico for incompleto ou não conclusivo.

b - Impor o ônus da prova naqueles que afirmarem que a atividade proposta não causará dano significativo e fazer com que as partes interessadas sejam responsabilizadas pelo dano ambiental.

c - Assegurar que as tomadas de decisão considerem as consequências cumulativas, a longo prazo, indiretas, de longo alcance e globais das atividades humanas.

d - Impedir a poluição de qualquer parte do meio ambiente e não permitir o aumento de substâncias radioativas, tóxicas ou outras substâncias perigosas.

e - Evitar atividades militares que causem dano ao meio ambiente.

7 - Adotar padrões de produção, consumo e reprodução que protejam as capacidades regenerativas da Terra, os direitos humanos e o bem-estar comunitário.

a - Reduzir, reutilizar e reciclar materiais usados nos sistemas de produção e consumo e garantir que os resíduos possam ser assimilados pelos sistemas ecológicos.

b - Atuar com moderação e eficiência no uso de energia e contar cada vez mais com fontes energéticas renováveis, como a energia solar e do vento.

c - Promover o desenvolvimento, a adoção e a transferência equitativa de tecnologias ambientais seguras.

d - Incluir totalmente os custos ambientais e sociais de bens e serviços no preço de venda e habilitar os consumidores a identificar produtos que satisfaçam às mais altas normas sociais e ambientais.

e - Garantir acesso universal à assistência de saúde que fomente a saúde reprodutiva e a reprodução responsável.

f - Adotar estilos de vida que acentuem a qualidade de vida e subsistência material num mundo finito.

8 - Avançar o estudo da sustentabilidade ecológica e promover o intercâmbio aberto e aplicação ampla do conhecimento adquirido.

148 A ARTE DE RECEBER EM EVENTOS

a - Apoiar a cooperação científica e técnica internacional relacionada à sustentabilidade, com especial atenção às necessidades das nações em desenvolvimento.

b - Reconhecer e preservar os conhecimentos tradicionais e a sabedoria espiritual em todas as culturas que contribuem para a proteção ambiental e o bem-estar humano.

c - Garantir que informações de vital importância para a saúde humana e para a proteção ambiental, incluindo informação genética, permaneçam disponíveis ao domínio público.

III. JUSTIÇA SOCIAL E ECONÔMICA

9 - Erradicar a pobreza como um imperativo ético, social e ambiental.

a - Garantir o direito à água potável, ao ar puro, à segurança alimentar, aos solos não contaminados, ao abrigo e saneamento seguro, alocando os recursos nacionais e internacionais demandados.

b - Prover cada ser humano de educação e recursos para assegurar uma condição de vida sustentável e proporcionar seguro social e segurança coletiva aos que não são capazes de se manter por conta própria.

c - Reconhecer os ignorados, proteger os vulneráveis, servir àqueles que sofrem e habilitá-los a desenvolverem suas capacidades e alcançarem suas aspirações.

10 - Garantir que as atividades e instituições econômicas em todos os níveis promovam o desenvolvimento humano de forma equitativa e sustentável.

a - Promover a distribuição equitativa da riqueza dentro das e entre as nações.

b - Incrementar os recursos intelectuais, financeiros, técnicos e sociais das nações em desenvolvimento e liberá-las de dívidas internacionais onerosas.

c - Assegurar que todas as transações comerciais apoiem o uso de recursos sustentáveis, a proteção ambiental e normas trabalhistas progressistas.

d - Exigir que corporações multinacionais e organizações financeiras internacionais atuem com transparência em benefício do bem comum e responsabilizá-las pelas consequências de suas atividades.

11 - Afirmar a igualdade e a equidade dos gêneros como pré-requisitos para o desenvolvimento sustentável e assegurar o acesso universal à educação, assistência de saúde e às oportunidades econômicas.

a - Assegurar os direitos humanos das mulheres e das meninas e acabar com toda violência contra elas.

b - Promover a participação ativa das mulheres em todos os aspectos da vida econômica, política, civil, social e cultural como parceiras plenas e paritárias, tomadoras de decisão, líderes e beneficiárias.

c - Fortalecer as famílias e garantir a segurança e o carinho de todos os membros da família.

12 - Defender, sem discriminação, os direitos de todas as pessoas a um ambiente natural e social capaz de assegurar a dignidade humana, a saúde corporal e o bem-estar espiritual, com especial atenção aos direitos dos povos indígenas e minorias.

a - Eliminar a discriminação em todas as suas formas, como as baseadas em raça, cor, gênero, orientação sexual, religião, idioma e origem nacional, étnica ou social.

b - Afirmar o direito dos povos indígenas à sua espiritualidade, conhecimentos, terras e recursos, assim como às suas práticas relacionadas com condições de vida sustentáveis.

c - Honrar e apoiar os jovens das nossas comunidades, habilitando-os a cumprir seu papel essencial na criação de sociedades sustentáveis.

d - Proteger e restaurar lugares notáveis pelo significado cultural e espiritual.

IV. DEMOCRACIA, NÃO VIOLÊNCIA E PAZ

13 - Fortalecer as instituições democráticas em todos os níveis e prover transparência e responsabilização no exercício do governo, participação inclusiva na tomada de decisões e acesso à justiça.

a - Defender o direito de todas as pessoas de receberem informação clara e oportuna sobre assuntos ambientais e todos os planos de desenvolvimento e atividades que possam afetá-las ou nos quais tenham interesse.

b - Apoiar sociedades civis locais, regionais e globais e promover a participação significativa de todos os indivíduos e organizações interessados na tomada de decisões.

c - Proteger os direitos à liberdade de opinião, de expressão, de reunião pacífica, de associação e de oposição.

d - Instituir o acesso efetivo e eficiente a procedimentos judiciais administrativos e independentes, incluindo retificação e compensação por danos ambientais e pela ameaça de tais danos.

A ARTE DE RECEBER EM EVENTOS

e - Eliminar a corrupção em todas as instituições públicas e privadas.

f - Fortalecer as comunidades locais, habilitando-as a cuidar dos seus próprios ambientes, e atribuir responsabilidades ambientais aos níveis governamentais onde possam ser cumpridas mais efetivamente.

14 - Integrar, na educação formal e na aprendizagem ao longo da vida, os conhecimentos, valores e habilidades necessárias para um modo de vida sustentável.

a - Prover a todos, especialmente a crianças e jovens, oportunidades educativas que lhes permitam contribuir ativamente para o desenvolvimento sustentável.

b - Promover a contribuição das artes e humanidades, assim como das ciências, na educação para sustentabilidade.

c - Intensificar o papel dos meios de comunicação de massa no aumento da conscientização sobre os desafios ecológicos e sociais.

d - Reconhecer a importância da educação moral e espiritual para uma condição de vida sustentável.

15 - Tratar todos os seres vivos com respeito e consideração.

a - Impedir crueldades aos animais mantidos em sociedades humanas e protegê-los de sofrimento.

b - Proteger animais selvagens de métodos de caça, armadilhas e pesca que causem sofrimento extremo, prolongado ou evitável.

c - Evitar ou eliminar ao máximo possível a captura ou destruição de espécies não visadas.

16 - Promover uma cultura de tolerância, não violência e paz.

a - Estimular e apoiar o entendimento mútuo, a solidariedade e a cooperação entre todas as pessoas, dentro das e entre as nações.

b - Implementar estratégias amplas para prevenir conflitos violentos e usar a colaboração na resolução de problemas para administrar e resolver conflitos ambientais e outras disputas.

c - Desmilitarizar os sistemas de segurança nacional até o nível de uma postura defensiva não provocativa e converter os recursos militares para propósitos pacíficos, incluindo restauração ecológica.

d - Eliminar armas nucleares, biológicas e tóxicas e outras armas de destruição em massa.

e - Assegurar que o uso do espaço orbital e cósmico ajude a proteção ambiental e a paz.

f - Reconhecer que a paz é a plenitude criada por relações corretas consigo mesmo, com outras pessoas, outras culturas, outras vidas, com a Terra e com a totalidade maior da qual somos parte.

O CAMINHO ADIANTE

Como nunca antes na História, o destino comum nos conclama a buscar um novo começo. Tal renovação é a promessa destes princípios da Carta da Terra. Para cumprir essa promessa, temos que nos comprometer a adotar e promover os valores e objetivos da Carta.

Isto requer uma mudança na mente e no coração. Requer um novo sentido de interdependência global e de responsabilidade universal. Devemos desenvolver e aplicar com imaginação a visão de um modo de vida sustentável nos níveis local, nacional, regional e global. Nossa diversidade cultural é uma herança preciosa, e diferentes culturas encontrarão suas próprias e distintas formas de realizar essa visão. Devemos aprofundar e expandir o diálogo global que gerou a Carta da Terra, porque temos muito que aprender a partir da busca conjunta em andamento por verdade e sabedoria.

A vida muitas vezes envolve tensões entre valores importantes. Isso pode significar escolhas difíceis. Entretanto, necessitamos encontrar caminhos para harmonizar a diversidade com a unidade, o exercício da liberdade com o bem comum, objetivos de curto prazo com metas de longo prazo. Todo indivíduo, família, organização e comunidade tem um papel vital a desempenhar. As artes, as ciências, as religiões, as instituições educativas, os meios de comunicação, as empresas, as organizações não governamentais e os governos são todos chamados a oferecer uma liderança criativa. A parceria entre governo, sociedade civil e empresas é essencial para uma governabilidade efetiva.

Para construir uma comunidade global sustentável, as nações do mundo devem renovar seu compromisso com as Nações Unidas, cumprir com suas obrigações respeitando os acordos internacionais existentes e apoiar a implementação dos princípios da Carta da Terra com um instrumento internacionalmente legalizado e contratual sobre o ambiente e o desenvolvimento.

Que o nosso tempo seja lembrado pelo despertar de uma nova reverência face à vida, pelo compromisso firme de alcançar a sustentabilidade, a intensificação dos esforços pela justiça e pela paz e a alegre celebração da vida.

ÍNDICE REMISSIVO

A

Aeroporto 53
Alimentos e bebidas (A&B) 105, 109
Antiguidade 3
Aspectos legais 18, 46, 91
Assembleia 6
Auditórios 59
Autoconhecimento 65

B

Bebidas 112
Brainstorming 6
Briefing 15
Brunch 6
Bureau Internacional des Expositions
    (BIE) 41

C

Carnaval 3
Cerimônia 85
Cerimônia de encerramento 102
Cerimonial 81, 86, 89

Cerimonial de abertura 101
Cerimonialismo 88
Cerimonialista 88
Cerimonial público 89
Checklist 16
Colóquio 6
Composição de mesa 104
Comunicação não verbal 115-116
Comunicação oral 116
Comunicação verbal 115
Concepção 13
Concílio 7
Conclave 7
Concurso 7
Conferência 7
Congresso 7
Conhecimentos gerais 128
Contrato de trabalho 47
Convenção 8
Convites 93
Copa das confederações 40
Copa do Mundo 4
Copa do Mundo Fifa 41
Copo ou taça para licor 114

Copo para água 114
Copo para cerveja 113
Copo para conhaque 114
Copo para uísque 114
Coquetel 8
Coragem 66
Cronograma 15

D

Debate 8
Decoração 108
Desenvolvimento sustentável 118
Desfile 8
Discursos 98

E

Encontro 8
Entrevista coletiva 9
Era Antiga 4
Espaço físico 106, 111
Estrutura organizacional 21
Ética 48, 66
Etiqueta 81, 87
Eventos associativos 102
Eventos esportivos 101
Eventos internacionais 30-33
Eventos oficiais 89
Eventos mistos 103
Exposição 9
Exposições universais 4

F

Feira(s) 3, 9, 62
Festas Saturnálias 3, 82
Festividades religiosas 3
Formas de tratamento 117
Fórum 9
Fórum Social Mundial 4

H

Happy hour 9
Higiene pessoal 66
Hotel 54

I

ICCA 35
Idade Contemporânea 4
Idade Média 4
Idade Moderna 4
Imagem pessoal 71
Imagem profissional 65
Inaugurações 100
Inaugurações com fita 100
Índice de desenvolvimento humano
    (IDH) 127
Instrumentos auxiliares 15
Instrumentos de controle 17
Instrumentos legais 26
International Congress and Convention
    Association (ICCA) 29

J

Jogos Olímpicos 3, 41
Jornada 9
Jornada Mundial da Juventude 4, 40

L

Legislação brasileira do setor de eventos 26

M

Megaevento 9
Mesa de abertura 102
Mesa de honra 99
Mesa-redonda 7
Mestre de cerimônia 89, 103
Mise en place 109
Mobiliário 107
Mostra 10

O

Oficina 10
Ordem de precedência 103
Ordem geral de precedência 89
Organização das Nações Unidas (ONU)
    84
Organizador de eventos 21-23

P

Painel 10
Palestra 10
Pano inaugural 101
Pauta de solenidade 103
Pesquisa de opinião 17
Placa inaugural 100
Planejamento 5
Pós-evento 13, 17
Posto de atendimento 55
Postura 70
Postura física 74
Pré-evento 13-14
Prestadores de serviços 21, 24
Profissional de recepção em eventos 45,
    51, 53, 116
Programação social 61
Projeto 14
Promotor de eventos 21
Protocolo 81, 87, 89
Protocolo oficial 102

Q

Qualidade de vida 118, 121, 125
Qualificação 66

R

Recepção da feira 63
Recepção em estandes 63
Recepcionista 50
Regras de precedência 90
Relacionamento interpessoal 65
Relações públicas 88
Restaurante 106
Revolução Industrial 4, 83
Roadshow 10
Roda de negócios 10

S

Sala de comissões técnicas 59
Sala de imprensa 58
Sala vip 58
Saúde 121

Secretaria 55
Semana 11
Seminário 11
Serviço à americana 111
Serviço à francesa 110
Serviço à inglesa 110
Serviço à inglesa direto 110
Serviço à inglesa indireto 110
Serviço à russa 112
Sessões solenes 59
Showcasing 11
Símbolos nacionais 89, 96
Simpósio 11
Statistics Report 2000-2010 29

T

Taça para champanhe 114
Taça para vinho 114
Tipos de cerimonial 99
Tradução simultânea 61
Transevento 13, 16
Transporte 62
Treinamento 48

V

Videoconferência ou teleconferência 11
Visita ou *open day* 12

W

Workshop 12